Wordsearches for Gratitude

Live Life
with Gratitude

This edition published in 2024 by Arcturus Publishing Limited
26/27 Bickels Yard, 151–153 Bermondsey Street,
London SE1 3HA

Copyright © Arcturus Holdings Limited
Puzzles by Puzzle Press

AD008391NT

Printed in the UK

MIX
Paper | Supporting
responsible forestry
FSC® C171272
www.fsc.org

CONTENTS

INTRODUCTION

"I would maintain that thanks are the
highest form of thought; and that gratitude
is happiness doubled by wonder."

G. K. Chesterton

What is gratitude?

"Thank you." It is a phrase you use and hear every day, but do you ever think about what it really means to be grateful?

The act of showing gratitude can begin with a thought or a word and impact how you approach those around you and the world in which you live. Whether thanking a person or simply giving thanks for the things in your life, you can invite happiness and positivity into your life by focusing on all things good.

When people decide to be actively grateful they are said to experience more positivity, feel healthier, sleep better, and feel more alive. In making the decision to use this book you have already decided to be more grateful and are on your way to a life filled with positivity.

How do I live a more thankful life?

Many people choose to keep journals to record the things they are grateful for and this can be a relaxing and positive exercise. This book is filled with puzzles interspersed with occasional exercises that are intended to help you get in the list-making habit, before perhaps you move on to a full gratitude journal.

Below, you will find a list of tips that can help you to use gratitude in the most effective way.

Be specific— details can help you to single out the things you are grateful for. Identifying each of these things will encourage you to associate good feelings with the experiences you have had and the things you have. If you are grateful for something, why?

Mean it— you will only get value from being grateful if you truly mean it.

Get personal— while it is fine to be grateful for the things that surround us, our gratitude can mean a lot more when we focus on the people to whom we're grateful.

Do sweat the small stuff— gratitude doesn't need to be reserved for the big occasions in life, you can be grateful for things big and small.

There is always something to be grateful for! It may not always seem that way, but there is always something, perhaps an umbrella on a rainy day, a free seat on the train, or a simple smile from a stranger. The key is to just keep looking until you have found it.

How do the puzzles in this book help?

Inside, you will find themed wordsearch puzzles about the good things in life, from nature and art, to music and people, each accompanied by an inspirational quote. These puzzles may be filled with things you are familiar with and are thankful for, or simply help you to think about similar things for which you are grateful. Now get ready to experience all of the benefits that gratitude has to offer.

> "For the yesterdays and todays, and the tomorrows
> I can hardly wait for – Thank you."
>
> Cecelia Ahern

The Marina

```
X S X F T Z N S K C O D X
N W O N J E T W T G O R D
S Y A W K L A W G H X E L
B T A Y Y F L C J H G L D
J U O P Q O E K E B T I U
F A O R A K U J E O C A L
C A E Y E R F R L U R R R
A R C R S S T I B O A T S
F I R I A H P M G T N V U
E E E J L C R F E U E G P
S O E V H I I P Y N F C P
B Q Y S U K T N D C T S L
Q B F R A H W I C Q W S I
U Y I J L G D W E I Y I E
K W X L Q K P K H S P G S
```

APARTMENTS	DOCK	PILOT
BERTH	FACILITIES	STORES
BOATS	FEES	SUPPLIES
BUOYS	FUEL	TRAILER
CAFES	LIGHTS	WALKWAYS
CRANE	PICNIC AREA	WHARF

Appreciation is the highest form of prayer, for it
acknowledges the presence of good wherever you
shine the light of your thankful thoughts.

Alan Cohen

Soft Words

```
T D V V B O W T Y N G R D
E E Y K H Q Z Z P E W E L
C S D B F D Y F L O T T I
L T Y E U T E T U Y H T M
U N Q M E T N T P T Q U W
D B E V P E R Y U U D B Q
K X L K G A L D I L H R N
Y E I A L E T E P V I V M
V N W Y N I T H W L L D Y
D C A I H D S T E K E Z S
Z S E V S S E Q V T D J W
C N Z M I N U T D O I X R
T R J T D X H M W Y P C F
Q F I E I Q W N M I S T Y
T H R M X L Y F F U L F I
```

BLAND	GENTLE	PULPY
BUTTER	KIND	QUIET
DILUTED	LENIENT	SILKEN
DOWNY	MILD	SYMPATHETIC
DULCET	MISTY	TENDER
FLUFFY	MUSHY	VELVETY

To receive honestly is the best thanks for a good thing.

George MacDonald

U G C S V T I L E D D Z W
E N A I O R U K A K A W R
I D I F F E R E N C E S C
O M L Z N B C T R X Y O S
D Z A U B U E O R H D E M
D X U G G S S J C E Z S Y
O Q K D I T Q I S A H T B
N N O H I N T S M U S O V
E U D C J P A D B S U R E
O M U U Y X G T B E G Y V
U B S R G Z H O I T A W D
T E C R I D D L E O B O O
V R I Q D S M R O U N R I
Z D L Y C I G O L Q S D Y
S S Q H R U H W I H Z O D

ACROSTIC	KAKURO	REBUS
CODES	LOGIC	RIDDLE
CRYPTIC	MAZES	STORYWORD
DIFFERENCES	NUMBER	SUDOKU
GRIDS	ODD ONE OUT	SUMS
IMAGINATION	QUOTES	TILED

You see, every piece of the puzzle is required to
complete the scene, while some have rough edges
and some smooth, they all have value. Being grateful
for each piece is not always easy, but it is necessary.

Greg Đutilly

```
V X M Y T N E I C I F F E
S R E N E R G E T I C Q Q
J Q O E U K K P H E X Z T
P S K Y S U B V Y P S K R
B R U S Q U E Y W O M C E
B R A C I N G C E R A I L
A M O H Z E T T N L W U A
J C W B S G I N V D I Q U
T S T I M U L A T I N G E
Y D Q I S V R V T P T I A
C J D A V Y N W Y A F A H
R P Q E X E T M T R O Z L
I O W L F J U S T D G H I
S Y X U R D S M A R T W I
P O I Y L E V I L H L B Y
```

ACTIVE	CRISP	QUICK
AGILE	EFFICIENT	RAPID
ALERT	ENERGETIC	SHARP
BRACING	HASTY	SMART
BRUSQUE	KEEN	STIMULATING
BUSY	LIVELY	VITAL

Immensely grateful, touched, proud, astonished, abashed.

Boris Pasternak

```
P U H T U Y A I T K E N N
N R A V F N O X Z G Z C E
O O N V O G J T S G A U L
N L H S L T G B S I J B L
N L W G N J C V E L U T A
E A D N L R J G J R O A F
L N E O E Y N R B Q T S
A D A L D Y V I I G N T S
E D L L X G T E A K Y I B
R E R X H T E N B N N M I
K H K A M S D K X C W A Q
I N M N H H V T L M I T R
N G N A I C I A K H L W O
G V I E I B I M Q P D O T
T L J S P R H R R D E U A
```

AITKEN	HANH	RANKIN
ALLEN	KELLER	RICHARD
BEVEL	KING	ROLLAND
BURRITT	LAWSON	SINCLAIR
DODGE	LENNON	TOLSTOY
GANDHI	PENN	WILDE

We are all in the gutter, but some of
us are looking at the stars.

Oscar Wilde

```
Q N E A A I T M K U V S I
I I U R Y J M U N Q T W R
S R Q Z Y K Z O O M H J O
O A I H V J E C Y F J L F
K D N M L A N Y Q I E V S
I N A I I A A I L M K L U
N A T G L N K U O I M T D
N M R B R Q N P L U M R A
O S O Z S U O E S E G E C
W R N L I Y P Q O R M L H
O A H A R A L G O L M O I
D A H M I O Y G N X A H N
U V J N I D N O M A L A C
K U M Q U A T Z V D R W J
Q W C A T S A M U S T A S
```

CALAMONDIN	LEMON	PONKAN
KEY LIME	MANDARIN	RANGPUR
KINNOW	MINNEOLA	SATSUMA
KIYOMI	OROBLANCO	SUDACHI
KUMQUAT	ORTANIQUE	TANGOR
LARAHA	POMELO	UGLI

Breakfast is always the best time for
something juicy, sweet and fresh—it just
feels like the right way to open the day.

Yotam Ottolenghi

```
A S E L K C I P E R I C R
E S A L K E N A S A V E N
J F M B E O V C P R P R L
B G G E B E L P O P D N E
C I C E L Y I T E R M C S
D M I K J L A P D D N A N
G E M E L T I N A T E O P
B V A M O A O N G P T R R
B D I P O M T E G H K E E
E L L N L Y P I I E I D V
S L L A V P R N I A M I O
E T I J O M G R S R A C L
H G W P B S J P E T A I C
S L D L S P O K P H T S Y
A H T O O T C E S D C R M
```

ALMOND	HEART	POTATO
CHERRY	LIPS	SMELLING
CICELY	NOTHINGS	SPOT
CIDER	PEAS	TALK
CLOVER	PEPPER	TOOTH
CORN	PICKLES	WILLIAM

The simple act of practicing gratitude,
consistently, is your invitation to a new life.
Accepting the invitation is now up to you.

Josie Robinson

```
G E R T N E M E R I T E R
N M H A N U K K A H S Y J
I P B L E T I S P A A A N
M A G G D Y Y B M U I D O
R F V B N W W T X L N S I
A L E I F I S E A D T E T
W E S R X I D W N A B N A
E A A T R E I D S H A I M
S V K H P D A E E E S T R
U I C D O H J S L W I N I
O N Q A N E A L T O L E F
H G V Y G Y G H U E E L N
P O T L A T C H Z O R A O
R T I F L A D I E H U V C
D E Y R A S R E V I N N A
```

ANNIVER-SARY	EID-AL-FITR	POTLATCH
BIRTHDAY	HANUKKAH	RETIREMENT
CHRISTMAS	HOUSE-WARMING	SAINT BASIL
CONFIRMA-TION	LEAVING	VALENTINE'S DAY
DIWALI	NEW YEAR	VESAK
EASTER	PONGAL	WEDDING

Feeling gratitude and not expressing it is like
wrapping a present and not giving it.

William Arthur Ward

```
S L E T E S B H E N S H E
R E L L D U F I A B C Y D
M B Y E R A L S K R O F I
O O S E B E N X B U D I S
D O A J A E F A Y N U Y O
M T I R K C I S E E F A N
E H S C A R R O L L D C N
A I I U O O B E E T O N O
D D Y T E F L L E R K W S
C D C F A R A D A Y I H Y
A I A K L E B S T L T T N
V E I R G B E R D V O U N
O S E M W L D E U E R M E
O N J S N I K P O H C W T
S B B R O W N I N G E A G
```

BEETON	DARWIN	HARDY
BELL	DICKENS	HOPKINS
BOOTH	DISRAELI	TENNYSON
BROWNING	DOYLE	VICTORIA
BRUNEL	EDISON	WILBER-FORCE
CARROLL	FARADAY	WILDE

The highest reward for man's toil is not what
he gets for it, but what he becomes by it.

John Ruskin

```
N O I T C N U J N O C L E
Z A A H T P R I H T T S Y
A K S X U V T A T N A V A
Z J R T W B I N K H B H I
Z Y A R E E B L P Y A E H
C O M E T R R L R J W T K
C S Y E I O F E K Q I T
M O T G R X W I P Y G L X
P J S N E C A S D L A L R
R H U M A A U L B S U E S
O Z I Z O I R R A X V T P
G P P S M S G T Y G S A O
Q J J O E Q U D H S N S N
G I O S D R I Z E S U G U
W N T E N N S T A R S K O
```

ASTEROID	HUBBLE	PLUTO
COMET	MARS	RED GIANT
CONJUNC-TION	MERCURY	SATELLITE
	MOON	SATURN
COSMOS	ORBIT	STARS
EARTH	PHASE	SUNS
GALAXY		

It is only in the giving of oneself to
others that we truly live.

Ethel Percy Andrus

H A E X T Y C H K V C E M
S C O A D Q E U R I S E U
U A R D T W I A D O W E R
R E H A C A Z U R W D E A
H O P Z N F N D B C E F R
B U J O B E K S O G A E H
G Z S E E U S L Y N Y A D
O O I N W R T B E S I V S
K Y L H C S U T I N N Z C
U N F D F J T A R L L H B
O A I O E L D A I V L R D
S S O P E N O D S B Y E T
Z T E N I P R O E O I T R
T O K A M J E O N D A S D
D A O W O A S Y D O M A E

ARUM	DAISY	PINK
ASTER	GOLDENROD	ROSE
BRYONY	HOP	RUSH
COLTSFOOT	IRIS	TANSY
CRANESBILL	NETTLE	TARE
CUDWEED	ORPINE	WOAD

The intense perfumes of the wild herbs as we trod
them underfoot made us feel almost drunk.

Jacqueline du Pré

```
S O O D D J D G T K R E T
L S J T E U L L D J E K U
E U I I Y X S S E J J E G
K F F Y I S I W M W B W N
D W R E N Y D F I W L Y I
P B N Q C E R N R F K T T
D E G D C R P H P K T E I
E H R A E K U A G O G R A
P M R C K T Y O I U E A W
P B I G E N E N S S D P E
I C D X R P O L H E H I N
U T K R X R T A P T R D S
Q J H Q D C R I W M T O F
E M Y E W P G J V D O N E
I N R E A R E G A E Q C X
```

AGOG	FIT	RAPID
BRACED	FIXED	RESOURCE-FUL
COMPLETED	IN ORDER	SET
DONE	KEEN	SHARP
EAGER	PERCEPTIVE	SWIFT
EQUIPPED	PRIMED	WAITING

People pay for what they do, and still more for what they have allowed themselves to become. And they pay for it very simply; by the lives they lead.

James Baldwin

```
F D R F T P P K Y C D F P
Q Y E D A R O E V E F G A
B G N O H I R A N A V B X
A H R E M I T G S N V A V
F B B W Y T S H D O Y K W
S K E B F M I H F H J A B
N C A L A O L D Q U Y D K
A I V I N L D S Y T L I O
E N D E K S O L D I E R S
L A D O F Q X K L F C Q X
R O T V T T U W Z B J B C
O S N W O T V A A M U Y H
D E L G N A F Y R V D N O
R K O Y U A Z S I A R P B
Y O B Z E Z E A L A N D S
```

AGE	LADY	SOLDIER
BOY	MAID	TIMER
FAITHFUL	NICK	TOWN
FANGLED	ORLEANS	WAVE
FASHIONED	PENNY	WAYS
HAT	PORT	ZEALAND

A year from now, everything you're stressing about won't mean a thing. Be thankful, smile more, spend more time with family and don't stress the small things. This is our one chance at life.

Nitya Prakash

```
E R N A O Y G L E L F C D
T N M T Q S O E M J L B N
I A N L E E G F V E G W U
S E Y K A H Q R V Q V A O
T E A V A N S O I E L T R
Z T D C C R T Z P L B E G
S F E O F S O E M O L R P
K T N L C Z P U R X E C M
I E A F L Y N E T N P A A
L P P M A O R V U E J R C
L H O H C A C T Z B R R T
E W R H Z K A G N C N I O
T Y P M Y R E L T U C E F
G Y H A Z N F L N Y O R G
G N I K C A P K C A B C C
```

BACK-PACKING

CAMP-GROUND

COUNTRY CODE

CUTLERY

FIRE

FLAP

FLY NET

GRILL

LANTERN

MATS

POTS

PROPANE

SITE

SKILLET

STAKES

STOVE

TENT

WATER CARRIER

Live all you can; it's a mistake not to. It doesn't so much matter what you do in particular, so long as you have your life.

Henry James

S	E	W	T	Z	H	J	T	P	R	C	B	P
Z	C	N	C	O	M	P	U	T	E	R	A	L
P	R	R	E	S	A	L	X	M	T	U	L	E
F	R	A	G	L	F	W	E	S	P	H	L	T
W	N	I	E	D	Y	N	A	M	O	R	P	U
Z	I	H	N	P	T	R	E	V	C	A	O	H
Y	R	N	B	T	A	T	E	T	I	U	I	C
H	I	O	A	C	I	T	F	T	L	R	N	A
O	P	P	Z	D	I	N	H	O	E	A	T	R
M	S	P	R	M	I	T	G	C	H	D	P	A
W	A	O	K	K	U	L	S	P	T	I	E	P
H	C	R	Q	C	S	P	Z	A	R	O	N	A
E	B	T	E	N	O	H	P	L	L	E	C	U
E	V	W	C	V	E	L	C	R	O	P	S	S
L	D	R	T	W	P	S	C	S	T	M	T	S

ASPIRIN

BALLPOINT PEN

CELL PHONE

CEMENT

CLOCK

COMPUTER

CORDITE

DYNAMO

HELICOPTER

LASER

PARACHUTE

PLASTIC

PRINTING PRESS

RADIO

SCOTCH TAPE

TERYLENE

VELCRO

WHEEL

It was all very well to be ambitious, but ambition should not kill the nice qualities in you.

Noel Streatfeild

The Nature of Gratitude

We should all be thankful for nature, for its beauty that inspires and uplifts us, and for the oxygen and food it provides us with. Now think specifically about aspects of nature which are special to you.

Ten things in nature I am grateful for:

1. _____

2. _____

3. _____

4. _____

5. _____

6. _____

7. _____

8. _____

9. _____

10. _____

Scottish Islands

```
Y N Z J S R E P T I K B X
A I K S M W J D F A Y I U
S V O M B P H L A Y H E G
N N Q Q B T O H A Y E A K
O O T D E T T S M B R X Y
L X V K T B O Z Z B F R S
O F N A L C Y K H J I A I
C T O A S I V E S L R Y Q
E T R A K R I Q L A D U C
L A H F S L O G F L A A D
T T N O E C T T X J N U E
T R T A U R A V X O N P B
I I C L M S O R I Q A J Y
L H U N D A A S B M F O P
H T U M L B W Y K A H L V
```

DANNA	HIRTA	NOSS
EDAY	HOUSAY	OXNA
FARA	HOY	SCARBA
FLOTTA	HUNDA	TAHAY
GARBH EILEACH	IONA	TORSA
HASCOSAY	LITTLE COLONSAY	YELL

You have everything you need for complete
peace and total happiness right now.

Wayne Dyer

```
T V W R E N E H C I M K Y
G N N I A X O X Q M X E R
R L O E G T D T E L E P U
R J S S T T O C L A R G B
U O N U A U D E Y E O V D
A Y E O D L R A O S E M A
H C V H O R T E D I T B R
U E E E U S X S N A I B B
X K T D U K P G A D M T I
L B S O S I A W N Y E S R
E W R W L Y A R O E E L Z
Y P I L X V O L C M V R L
Q F A N E A O B Z H Z X S
T N Q H Q D X K K K E P Y
E B L L E W E L L Y N R H
```

ADAMS	ELTON	RENDELL
ALCOTT	HUXLEY	SAYERS
ARCHER	JOYCE	SPILLANE
BRADBURY	LLEWELLYN	STEVENSON
CONAN DOYLE	MICHENER	SWIFT
	PROUST	WODEHOUSE
DURRELL		

A kind heart is a fountain of gladness, making
everything in its vicinity freshen into smiles.

Washington Irving

```
A L P Y T A E S I A R P E
G A A U J C D S W B Q F N
S N C U H Q E U I T I O N
L P J K T T F P N A I G L
I W L X N U H E S T R A H
T O C E T O M A A E I E G
T N D U A I W I N C R R P
L D R Y L S C L I K A R T
E E L P G E U F E T F L T
Y R M W R F E R E D O U D
E O U P Y N U F E V G V L
C N P O E B U G I C Y E W
E A J B P L I N U T S R L
I Z R O P Q G L V O D T W
Y J G E Y S S E N D N I K
```

ACKNOW-
LEDGE

APPRECIA-
TION

BENEFICIAL

CARE

COMPLIMENT

ENJOY

FUTURE

GRATEFUL

JOYFUL

KINDNESS

LITTLE

LOVING

MUTUAL

PLEASURE

PRAISE

RESPECT

THANKFUL

WONDER

Gratitude bestows reverence, allowing us to encounter
everyday epiphanies, those transcendent moments
of awe that change forever how we experience life...

Sarah Ban Breathnach

```
O U Q A T G A Z S A Z D B
V M L D L O S C I O T O I
P I L R A E P C D F H E Y
G V N M S C F W F W C E X
J F I K L R E B M U L M A
S A T I L L A F V L D U G
Q Z N G C O O S A U A A Y
V C P Q G E G V A Q C M H
H U R O N O T E E Q I F V
X V X W T R S N U K M W B
S R T R A O P M O H A W K
R S B G R W J V R S R N N
K O Y U K U K H F N R X S
U T A C A I K B A P O A A
Y I P Y W K A T A O N T C
```

CARSON	KOYUKUK	ROSEAU
CIMARRON	LUMBER	SALT
CLINCH	MAUMEE	SATILLA
COOSA	MOHAWK	SCIOTO
GILA	NOATAK	SNAKE
HURON	PEARL	TYGART VALLEY

The way I define happiness is being the creator of your experience, choosing to take pleasure in what you have, right now, regardless of the circumstances, while being the best you that you can be.

Leo Babauta

J	O	H	E	S	B	R	A	N	D	R	A	W
A	Z	W	U	N	E	D	A	N	D	R	E	A
M	I	T	L	I	I	Y	O	E	Q	Q	L	B
E	I	X	L	E	M	T	Q	R	E	N	O	K
V	J	E	R	O	M	E	N	U	O	N	O	A
R	H	E	N	N	Y	E	S	E	A	T	D	A
O	E	I	A	R	G	T	N	V	L	P	H	Q
I	C	T	A	S	O	N	E	A	P	A	V	Y
A	S	L	E	C	A	N	Z	U	E	U	V	E
N	I	L	H	P	T	P	E	S	W	M	F	B
H	D	I	R	U	E	I	H	T	P	L	H	R
R	U	U	R	T	C	I	D	E	N	E	B	A
M	E	E	N	S	E	L	M	L	Z	S	I	B
A	M	T	R	E	B	U	H	L	Y	N	A	E
S	W	E	H	T	T	A	M	E	G	A	Y	F

ANDREA	BONAVEN-TURE	JEROME
ANSELM		MATTHEW
ASAPH	DOROTHY	MONICA
AUSTELL	EUSTOCHIUM	PETER
BARBE	HELIER	VALENTINE
BENEDICT	HILARY	VITUS
	HUBERT	

For my part, I am almost contented just now, and very thankful. Gratitude is a divine emotion: it fills the heart, but not to bursting; it warms it, but not to fever.

Charlotte Brontë

```
F G I R A Q V U I R B V D
P D B B C Y E Y E L I N N
B U R E P S N T V Q A X A
N M N L F O E R N K N M L
S F A E R A Z G G A G F A
K P R W P L U T M N K Z E
S N A R M A E O R I B R Z
N Y R I V L L C D B O Y W
J O A Q N S A F P P E L E
G R B R U N E I A R T E N
F U T A T E A G R I Y A V
O V A P G D N U A B N R R
C I C M Y I J W U M S S L
A I R Y S K U G D S I I X
B L K X Y K D C M Y A D W
```

BRUNEI	LAOS	PERU
GABON	MALI	SINGAPORE
GUAM	NEPAL	SPAIN
IRAQ	NEW ZEALAND	SYRIA
ISRAEL	NORWAY	USA
KUWAIT	OMAN	VENEZUELA

Gratitude unlocks the fullness of life.

Melody Beattie

Greece

A	E	L	I	S	E	V	I	L	O	A	T	A
X	P	C	K	Q	Z	A	S	H	R	S	E	A
J	J	H	A	N	D	A	B	U	A	G	N	P
S	U	O	R	W	W	S	J	L	E	I	A	X
O	L	Q	M	O	Y	G	O	A	S	Z	X	Q
L	E	T	Q	I	D	N	N	T	K	I	O	D
L	G	S	Q	K	I	I	E	C	N	P	S	W
O	E	H	E	K	N	R	T	E	O	F	A	V
P	N	Y	A	N	U	A	E	E	S	U	A	Y
A	D	Q	A	F	A	T	P	U	S	D	Z	D
U	S	O	R	F	E	C	Y	U	O	P	I	O
G	I	O	U	R	P	Z	E	T	S	Z	L	I
Z	C	E	C	W	P	N	N	D	N	O	K	W
P	S	O	H	T	A	T	N	U	O	M	J	Y
E	A	N	I	G	E	A	Z	L	J	D	Q	L

AEGEAN	DODECANESE	OLIVES
AEGINA	IOANNINA	OUZO
APHRODITE	KNOSSOS	RAKI
APOLLO	LEGENDS	RETSINA
CORFU	MOUNT ATHOS	SALONIKA
CRETE		ZEUS
	NAXOS	

Gratitude is a quality similar to electricity:
it must be produced and discharged and
used up in order to exist at all.

William Faulkner

```
B S Z R Y Q T E R K Y Q K
T Y Q N A S G G S E C O X
T F E V R A I Y R R E H C
L D D U V S E A A W X Q P
R Z E O L E A N D E R H W
E S L X Q I L T E L K A S
D U W Y N N E R W L N L O
R J E N A M D K E I I Y Z
O S I G H R J O M N G S I
B Z S V S C E G L G U S O
X Q S G E Z R P A T A U L
F W U F R A C R I O Y M J
G L X S S O L B M N M L J
P L A S D I N L Q I U E Y
R R T X C W N D Z A J J Z
```

ALYSSUM	GARLIC	SILENE
BORDER	GRASS	TAXUS
CHERRY	JUNIPER	TWIGS
DAISY	LOVAGE	WELLING-TONIA
EDELWEISS	OLEANDER	WREN
FLAX	PLUGS	ZINNIA

Breath is the finest gift of nature. Be
grateful for this wonderful gift.

Amit Ray

Move

```
Q S S R R V C L S Q Z K M
G E T A C O L E R J Y W K
D S O U Y M T T K Q X Z G
F E J W M O Y R R U C S G
T L A J M B L A E T S W U
X L O O O Z L P Y T H K R
K E C W N C K E U U L T X
Z O V C X R R D I U R Z Z
L P E R A M B U L A T E H
U R U I E Y N P M K N V C
M O A P Q T E P M Z U S T
B P H M I O N Q W U A L I
E E Q R B G L U S L J I W
R L M H I L I I A L Q D T
E F D A S W E A A S O E W
```

DEPART

FLOW

JAUNT

JUMP

LOCOMOTE

LUMBER

PERAM-
BULATE

PROPEL

RAMBLE

RELOCATE

SAUNTER

SCURRY

SLIDE

STEAL

STUMBLE

TRAMP

TWITCH

WALK

Be happy noble heart, be blessed for all the good
thou hast done and wilt do hereafter, and let my
gratitude remain in obscurity like your good deeds.

Alexandre Đumas

```
T X J Y U I R W R L B Y H
N Z F H S H Q Y T N E L P
O W G L T P E A F A C Z E
M N U E C H Y R H C E R M
G O Q C Q P E G D I H O O
E N Q I L N A W F E Y N L
C M F D A C X N E V H L A
L E M R O T S G N I R P S
O M M E X Y L D L A R L H
U A A D F T O X M O E R X
D G T R G N H P O E N L X
S A O A J E R F Q X D R O
W G K U N L L C N M D E N
S S A V B G A R C A D I A
B N K F E N O E S C A P E
```

AGAMEMNON	FROGS	PLENTY
ARCADIA	GYPSY	PROOF
CLOUDS	LE CID	SALOME
DON JUAN	MEDEA	SPRING STORM
EGMONT	OLEANNA	TANGO
ESCAPE	PHEDRE	THE WEIR

Each day offers us the gift of being a special occasion if we can simply learn that as well as giving, it is blessed to receive with grace and a grateful heart.

Sarah Ban Breathnach

Y	W	X	Q	D	D	T	W	S	V	M	E	I
G	I	R	T	H	L	T	Q	L	G	V	Q	U
W	U	B	E	L	B	A	T	S	Z	W	U	R
I	I	A	B	Y	K	I	B	K	P	W	D	E
T	A	J	R	G	S	L	W	W	L	E	B	T
H	L	A	P	V	J	V	J	L	E	S	A	N
E	L	Y	H	A	O	V	Z	T	B	K	Y	U
R	S	E	N	G	K	W	S	M	S	G	S	H
S	D	H	N	O	I	J	D	G	A	K	D	G
S	C	Q	Y	A	P	E	J	Z	H	R	K	N
E	L	Y	E	T	M	E	N	I	U	Q	E	I
O	M	R	N	V	G	X	W	L	H	U	A	C
H	A	O	V	E	T	D	A	K	U	G	E	A
S	T	A	L	L	I	O	N	D	V	G	I	R
B	H	N	S	N	F	P	Q	J	X	L	U	H

BAY	MANE	SHOES
BIT	MARE	SKEWBALD
EQUINE	NEIGH	STABLE
FOAL	PONY	STALLION
GIRTH	RACING	STEED
HUNTER	ROAN	WITHERS

In the New Year, never forget to thank your past years because they enabled you to reach today! Without the stairs of the past, you cannot arrive at the future!

Mehmet Murat ildan

```
F E W P R O E R T R A S A
L A O T Z U Q M G K L E P
T A H O B B E S W E R T I
G P C F G U M M L Z L R P
S V L S O L T E N I T A F
P U C A A U A L M Z B C L
A T M O T P C G E N A S A
E Z O A N O K A U R E E V
K O O L C F P Z U O J D E
C V X N E P U A K L H Z R
O F Q R I M I C R C T C R
L T L A Q P Y R I N E N O
O Y H W J U S E P U L Y E
S J Y H P E R C K M S E S
A A H D D U B E E V D L Z
```

APPIAH	DESCARTES	PASCAL
AVERROES	FOUCAULT	PLATO
BUDDHA	HOBBES	PTOLEMY
BUTLER	KRIPKE	SARTRE
CAMUS	LAO TZU	SPINOZA
CONFUCIUS	LOCKE	ZIZEK

You pray in your distress and in your need;
would that you might pray also in the fullness
of your joy and in your days of abundance.

Kahlil Gibran

```
P  I  I  G  E  W  G  Y  M  A  Z  N  D
G  G  H  B  U  M  B  L  E  B  E  E  R
U  J  T  H  C  L  I  R  A  R  H  K  Q
B  P  I  R  H  T  S  S  R  I  F  T  S
Y  W  B  Z  I  A  W  Y  T  J  D  E  T
L  O  B  K  R  N  K  Y  H  B  A  N  N
A  O  A  A  U  G  B  G  W  N  E  R  W
E  D  R  M  S  I  O  R  O  U  Q  O  D
M  L  O  T  O  H  S  X  R  T  T  H  I
M  O  L  E  E  S  M  B  M  H  L  Y  H
R  U  F  G  W  A  Q  A  R  W  X  W  P
H  S  D  V  S  A  R  U  Y  X  R  A  A
E  E  I  T  M  O  S  W  I  F  D  D  K
H  V  A  S  H  H  T  P  I  T  L  J  G
R  J  E  R  Z  F  Q  T  R  G  O  Y  U
```

APHID	HORNET	SLUG
BUMBLEBEE	MAYFLY	THRIP
EARTHWORM	MEALY BUG	THRUSH
EARWIG	MOLE	WASP
GNAT	MOSQUITO	WOODLOUSE
HEDGEHOG	RABBIT	WREN

The garden suggests there might be a place
where we can meet nature halfway.

Michael Pollan

```
F T X G L C H O Q N W E G
E S U A C D O O G D C E J
S Y W G K S I N G I N G P
W C I N C I P C C N D Y H
P A F E Z T P P W E I X P
R L L A O F I C O R R B E
O K A K S R A A Z A B T K
S C P N A H K N D F J J O
N G S Z T T I C B F F A A
O N V I T S H O G L X U R
P I U E D A A O N E U C A
S K Q C R B M L N S J T K
Q I S I L E N C E B H I X
T H T J B U G J U F Q O Q
B Y N K G N I C N A D N W
```

AUCTION	DISCO	PLANT SALE
BAZAAR	FASHION SHOW	RAFFLE
BINGO	GOOD CAUSE	SILENCE
CHARITY	HIKING	SINGING
CONCERT	KARAOKE	SPONSOR
DANCING	PICNIC	WALKATHON

*To give without any reward, or any notice,
has a special quality of its own.*

Anne Morrow Lindbergh

```
A K A E S Y C J P I L I T
E V I S S E R G O R P U F
I I O E B G L T B N W B B
H T G Z L L V E N L I R R
Z E O O S E L W P U H N J
E N A R O M C X V S O I Z
I O K G C W D T H D O C V
D N A H G H E A R J U G X
N M Y H A E E I Z O A P Z
I Q E L D R R S G T N Z M
S I O C S I D Z T O L I W
O O S T N F Z R T R O A C
B L U E S A O G O X A B W
X R V L J Z R L Q C H L N
A I P V R S L T K T K R Q
```

BLUES	GOSPEL	ORCHESTRAL
BOOGIE-WOOGIE	HARD ROCK	PROGRES-SIVE
COUNTRY	HYMN	REGGAE
DISCO	INDIE	SOUL
ELECTRONIC	JAZZ	TRANCE
FOLK	NONET	WALTZ

When I started counting my blessings,
my whole life turned around.

Willie Nelson

Self-Love

Fill out the list below with five times in which you didn't give up, and are grateful that you were able to demonstrate perseverance.

Five aspects of myself that I am grateful for:

1. _____

_____

2. _____

_____

3. _____

_____

4. _____

_____

5. _____

_____

```
M E R E L M H R A J N A P
Y R V A O C H A S Y K X I
Z Y K B I B B V T L I R H
O T B Y B L O S L R Y T H
I D A J M U I X B I A D A
T G N S T E V S N S Z J L
C A X O Y E T X A I R E O
H A X L L B U I B R X M N
A R T E P H U R S C B I G
N K A D L I K T S N E L B
K I S U T M J X R G H A A
A M V U K Q G W Y I Z W Y
L C U A M L I S M M N C O
A P A P H O S D N G X T H
E I V D E C K E B L A A B
```

AKSUM	CHAVIN	PAPHOS
ANJAR	DELOS	PETRA
BAALBEK	DJEMILA	ST KILDA
BRASILIA	HA LONG BAY	TIYA
BUTRINT	HATRA	TYRE
BYBLOS	ITCHAN KALA	YIN XU

This is a wonderful day. I've never seen this one before.

Maya Angelou

```
K B D D L A R E G Z T I F
I D I C K I N S O N M Z O
R E L I A M A A V U E P S
S V L P H L V Y M P L C E
W T U V I E H O N T V C M
C A E N K T M N E N I S A
S A G I R B R I I Q L H J
J E D A N Q E A N L L J W
R P C T H B W L O G E E L
U C I T E T E N L V W C X
M Y F I W S D C D O J A A
E X C A U O R E K H W L Y
R P Y E N T M P Z K G L W
F A U L K N E R W I H A V
C Z H A W T H O R N E W J
```

BELLOW	JAMES	SALINGER
DICKINSON	KEROUAC	STEINBECK
FAULKNER	LONDON	TWAIN
FITZGERALD	MAILER	UPDIKE
HAWTHORNE	MCCARTHY	WALLACE
HEMINGWAY	MELVILLE	WHITMAN

Life, within doors, has few pleasanter prospects than a neatly-arranged and well-provisioned breakfast-table.

Nathaniel Hawthorne

```
K S E R E N G E T I F C H
A O O T N E S A R E I A A
I J S G I F B K E P T A X
J G E O F M A A M D M R X
I K U A A K E Y N I J E N
U R V A A H L S A F Y P O
Z U N D Z O K N O O F S Y
H G U C O U A O P Y H A N
A E G A J C L W G J A J A
I R P L I O T P O S E V C
G D P J A O D H R X F B D
O E S E Z C U O E O P D N
U T P T L I I Q M Z Z I A
R D E H S I O E E O U G R
S S I W S L Q N R S K N G
```

BANFF	JASPER	OLYMPIC
CANAIMA	JIUZHAIGOU	SEQUOIA
GLACIER	KAKADU	SERENGETI
GOREME	KHAO SOK	SWISS
GRAND CANYON	KOMODO	YOSEMITE
	KRUGER	ZION
IGUAZU		

I ran down the flowery slopes exhilarated, thanking
God for the gift of this great day. The setting sun
fired the clouds. All the world seemed new-born.

John Muir

```
I N Q U C M O I C S J P X
E P H D Y G T O S M H X R
L A D R N I M O H I A I M
O C T O H P U N O Z W U Z
P I C A A T Z O U R A C R
H R T S H Y C Z K N I A S
T F S S L E V A R T I R E
U A E V D N Q M R J W Q C
O A O A O C L A I A U Q I
S V R R J I J J I Y V T P
Y T T U Q Z U R T N I E S
L A X T Q E N N I A C C L
P N R O I A G W H I X A B
L W N O G H L R T X V A S
T B N R O H E P A C I T D
```

AFRICA	HAITI	SOUTH SEAS
AMAZON	HAWAII	SPICES
CAPE HORN	INCAS	TAHITI
CARAVEL	JUNGLE	TRADE
COMPASS	PATRON	TRAVEL
CONGO	SOUTH POLE	UJIJI

Gratitude is a duty which ought to be paid,
but which none have a right to expect.

Jean-Jacques Rousseau

```
Q B S I X Q V S Z N C Q V
E I C C B R K N C A O J O
E E B O I C S I S H P R C
M F X C O M T H M I I L I
E E B P H S O C J A O N Y
S E P U A E A C M T T X A
K E H L S R M I H H Z M H
R E P A P G N I P P A R W
S S J E R D N T C D F W F
K R T R R G U D I A R A C
I O A L N E N S I M L F V
C V G J E M J F Y T B S G
A R C Q C E Z T O Y S E Q
N K I S R E T U P M O C R
S O V F G L A S S C F C V
```

BOXES	COMICS	PLASTIC
CANS	COMPUTERS	SHOES
CARPET	COPPER	STEEL
CHEMICALS	GLASS	TIMBER
CHINA	IRON	TOYS
CLOTHING	JARS	WRAPPING PAPER

When we focus on our gratitude, the tide of
disappointment goes out and the tide of love rushes in.

Kristin Armstrong

```
F L L E H S E L D E E N L
L B K S N A I L H H E V I
E C C E O L N Y C W L Z G
S H O K N L X I N H K W J
S N D C B O E E O F N M O
U W D V K R C N C U I K J
M H I Q R L O M H L W X B
H V P E L N E Z L T W E D
T H Z N T Q Q E A V I R U
O H G B M I P U F R T U X
O O Q M Y O N J W E D M W
T S M L R J U O M F D E H
N S W I I N C L M S T A R
E Y T R A U E S V M P X J
A E K L E H W D V D A U O
```

AMMONITE	MILLEPORITE	SNAIL
COCKLE	MUREX	SOLEN
CONCH	MUSSEL	STAR
CONE	NEEDLE SHELL	TOOTH
COWRIE	PIDDOCK	WHELK
HELMET	RAZOR	WINKLE

Gratitude unlocks all that's blocking us
from really feeling truthful, really feeling
authentic and vulnerable and happy.

Gabrielle Bernstein

```
L L A M A S E R T G D F R
L S R U M E L S F N B L R
U I V F L A H A B I T A T
A L L A N S E R A D S M D
U E N Z E B R A S E Y I S
S D M D X F J H U E A N E
S E I R A D E M O R D G O
L U R L D A N E A B U O L
G A A O I S E A M H S E A
C K N N V O L O J S N S F
A H G I E I N A J D E B F
M A E A M K N S K N D L U
E F R R E A E R Q C R E B
L K S Y F D L U A D A R U
S E S A N E A S E C W J E
```

ANIMALS	ELANDS	LIONS
BREEDING	FLAMINGOES	LLAMAS
BUFFALOES	GUIDES	MONKEYS
CAMELS	HABITAT	RANGERS
CARNIVORES	JACKALS	WARDENS
DROME-DARIES	LEMURS	ZEBRAS

Silent gratitude isn't very much to anyone.

Gertrude Stein

```
C D H X R O J S G B J T X
B R B X E O L L M C W R N
S I G S H B P G B I F T O
N A O X T M A F S N E S I
O N C D A A C X Y A R E T
I A G R E B I A C G E R U
S E U F W G D F C R H O L
S L S M E H R P L O P F L
I C E L T U A A F O S F O
M Y W R Q Z I B D E O P P
E C A L I G N S L A I D V
D E G D M A M N T L B C D
C R E W J O I V W W F L E
M F E J G N S Q B C L F E
R X F O O D C H A I N J O
```

ACID RAIN	EARTH DAY	ORGANIC
BAMBOO	EL NINO	POLLUTION
BIODE-GRADABLE	EMISSIONS	RECYCLE
	FLOOD	SEWAGE
BIOSPHERE	FOOD CHAIN	SMOG
CFC	FOREST	WEATHER
CLEAN AIR		

Each of us must play our part. The minute
we stand alone, we fall alone.

Jo Cotterill

```
D X E W D R Z Q F K D F W
R F N N K Y A J P C C R D
E M A Y T K K M A Y L A L
H C T R U E R S R N B U P
Y R A W J O M A T A F G B
N P M V Y F C T N G W N O
A X G W Y Z C D E T M S N
P Q B M A E T I R A F R U
M P J W L D Y A S H C E H
O P I L E F I S H T L H C
C R O T X K Y H I H U T T
Z C I I W M M L P M S A A
C N Y H P E P U O R T G B
U P X V R O R Q Y A E A W
K O Y T F G L C M K R L W
```

BAND	CREW	PARTY
BATCH	GATHER	PILE
CLUB	HERD	SWARM
CLUSTER	MASS	TEAM
COLLECT	PACK	TROUPE
COMPANY	PARTNER-SHIP	UNITED

Always choose togetherness over otherness. That
is the seed of unity. That is the only way to see
all humans as being part of the same family.

Suzy Kassem

```
F K C G A L O B M A R A C
W H I T E C U R R A N T P
M F S W K G N E Z M G H K
R E E N I R A T C E N A L
S X L N Y E Q N D X H J Q
U E P O M E G R A N A T E
B P H N N Z L X Q W C F
Y A G B E G L K I I A T L
A R R J F A E A I M V A F
B G P E G G C X M L E D Z
C A G S K E E H E C O P C
T T N F S L W X D A T E F
R U P A P A Y A L E E A W
P P U P N G A Q A O N R Z
H T A A P A S O R U G L I
```

APPLE	GREENGAGE	PEACH
BANANA	KIWI	PEAR
CARAMBOLA	LIME	POME-GRANATE
DATE	MEDLAR	UGLI
FIG	MELON	WHITE CURRANT
GRAPE	NECTARINE	
	PAPAYA	

You simply will not be the same person two months from now after consciously giving thanks each day for the abundance that exists in your life.

Sarah Ban Breathnach

Olympic Host Cities

```
R Y S P S S P K Y U N P G
I E E Y I S E Y E N Z I L
O L O R E Z B A N O F L K
D F A L X H T K D D K W C
E P E K S H E C Y N N C U
J B A Z E O U L S O A S R
A K C N T P Q G S L G T B
N V S B M I L P G I A O S
E O V E J A R A S W N C N
I S P T L L R O C L O K N
R S A G M Y F R M I V H I
O M E R B O Y K O T D O M
V O L O I O D C Q M S L V
T Y Z F U S S D G O E M X
I V L I L L E H A M M E R
```

ATHENS	LONDON	SARAJEVO
CALGARY	NAGANO	SEOUL
HELSINKI	OSLO	ST MORITZ
INNSBRUCK	PARIS	STOCKHOLM
LAKE PLACID	RIO DE JANEIRO	SYDNEY
LILLE-HAMMER	ROME	TOKYO

To accomplish great things we must not only act,
but also dream; not only plan, but also believe.

Anatole France

Sailing

```
K S G W W U Y H L J V G G
C F A D K K E L K H N N R
N E L I O L O R X R I C C
M E F O M R R G E F T W P
I R M Z A X R L F M C N V
P W K N S T L U Y S H I N
H R F V T I L X B K A L F
E N O I T A G I V A N U M
Z L P W O H E G T B N A D
N Q C Y W M C N R Q E P R
S N P A I B V A N G L R J
F T V N N E G P B E Q A T
T T E J G N E Z Z I M T R
C W T R I F I K S L N F W
L H T B N D G B O A T S I
```

BINNACLE	HELM	REEFS
BOATS	LUFFING	ROLL
CABINS	MAST	STERN
CHANNEL	MIZZEN	TARPAULIN
FLAG	NAVIGATION	TILLER
FLOAT	PROW	TOWING

We would worry less if we praised more. Thanksgiving is the enemy of discontent and dissatisfaction.

H.A. Ironside

```
L L I D S R D J F Y K E L
B C H N E O I E L P M U A
E A I L B S V F F Y V C Y
B M Y L G E Y T H D I D O
F M P N R M Y T E N M P R
U G A F O A T U R F A R Y
A F E R K R G A E G C R N
L W R V J Y T N Y S E Y N
E I I I R O U R E P A C E
R M S O U G R J B V L G P
R K V A R Z G A S E V N E
O A Z E B R J X M A E E T
S R E D N E V A L Z U G C
W K C R C A I C O R Y Z B
E X Y R O C I H C L W Z L
```

ARNICA	FEVERFEW	ROSEMARY
BASIL	GARLIC	RUE
CAPER	LAVENDER	SAGE
CHICORY	MACE	SAVORY
DILL	MARJORAM	SORREL
FENUGREEK	PENNYROYAL	THYME

Keep all your promises, don't take what doesn't belong
to you, and always look after those less fortunate
than yourself, and you'll do well in the world.

Rebecca Rupp

```
G H T E B R O E N W O R B
Y A P U T J B P U O L F D
B L P D G M L N O S T A W
O O T I S E G G T K X A L
U K W P N H L B E M T N P
N U I G Q G O A P O R G H
W U N I L Z G S O L U E A
J S F S J A N I H H O L N
Q A A E C E C R L O C W T
B V L O N R C I T L N L O
Z A L C I I V D E V I E M
Z H S N K A H D H R L J V
C S K E M P E R O R E B I
G A S L K R I M M L M X N
W L T B Y P G I E G L N X
```

ANGEL	HALOKU	RHINE
BLENCOE	HAVASU	RINKA
BOW GLACIER	HOPETOUN	SHOSHONE
BROWNE	KRIMML	TUGELA
EMPEROR	MELINCOURT	TWIN FALLS
GAPING GILL	PHANTOM	WATSON

Gratitude becomes the gift, creating a cycle of
giving and receiving, the endless waterfall.

Elizabeth Bartlett

L	A	V	H	B	Q	T	Q	A	S	Z	T	P
T	Q	Y	S	S	E	W	O	R	P	A	R	L
D	W	T	X	W	N	O	R	U	L	U	O	N
E	I	I	L	Z	E	X	V	E	C	N	Q	Y
X	F	L	A	I	R	D	N	D	R	H	I	C
T	A	I	A	A	G	T	E	M	Y	P	N	N
E	E	C	S	H	Y	F	E	C	R	O	F	E
R	M	A	A	P	T	I	T	U	D	E	O	I
I	E	F	G	N	H	I	L	H	F	Z	T	C
T	A	I	E	K	A	S	W	F	J	H	G	I
Y	N	S	N	K	G	R	I	E	G	Q	G	F
O	S	A	I	M	W	C	E	I	R	C	H	O
H	C	C	U	D	A	B	M	W	U	E	T	R
K	D	M	S	C	U	H	O	G	O	T	H	P
Q	C	K	Y	Z	E	C	B	W	L	P	G	W

APTITUDE	FLAIR	POWER
DEFTNESS	FORCE	PROFICIENCY
DEXTERITY	GENIUS	PROWESS
EFFICACY	KNACK	TALENT
ENERGY	MEANS	TOUCH
FACILITY	MIGHT	WHERE-WITHAL

Gratitude is the ability to experience life as a gift. It opens us up to wonder, delight, and humility. It makes our hearts generous. It liberates us from the prison of self-preoccupation.

John Ortberg

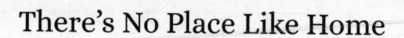

There's No Place Like Home

Our homes are our refuge, a place we can retreat to and be ourselves in. While there may be things about your home that you would like to change, think now about the ways in which it brings you joy, security, and comfort. You may want to include any pets who share your home!

Ten things I love about my home:

1. _____

2. _____

3. _____

4. _____

5. _____

6. _____

7. _____

8. _____

9. _____

10. _____

```
C N Z S S E Y C P C S B K
R J H D I W S E T F Z L A
X V E Q G H O N O L W W W
Z E B R S P E L E V U I B
D R I O L N Q V V S S C I
P E U E O N U Q E H O N U
F N D L T K A A E N T P C
H A H L Y Z N S S E I H J
G D I C G I Z C N G E N R
U I L T G N I T K E O T G
O E P H H E I N R J W L M
N P T Z N O P K R E P G D
E F C C N N B W O R K S O
K M E S S D X B F O O Q T
Q N O O N R E T F A L Y D
```

AFTERNOON	DEEDS	LOOKING
AS GOLD	ENOUGH	NIGHT
AS NEW	EVENING	PEOPLE
BOOK	FAITH	SENSE
CHEER	GRIEF	WISHES
CONSCIENCE	INTENTIONS	WORKS

If you have life and wellbeing, it is enough to be content.

Lailah Gifty Akita

```
T Y A D I L O H V E M T W
A N E A R C Z A S B G M A
W T E E B H E A T A S P E
S S I T O A G C R N L G T
R U P E A Q R D R Q R A B
C G N O C H E B R E C E D
C U O T H N N Q E O A H S
B A E S A V C O J C S M E
H T U J M N V S H J U E A
T P C X S O L A R J B E S
M I I P D W T O Q W N A I
R V S C R P O S T C A R D
A A G O N T P I U I G R E
W F E U S I X S T C O R R
Y L U J A R C L E B S N U
```

AUGUST	HOLIDAY	SALAD
BARBECUE	ICE CREAM	SEASIDE
BEACH	JULY	SUNTAN LOTION
CUSTOMS	PICNIC	TENT
GARDEN	POSTCARD	WARMTH
HEAT	ROSES	WASPS

There are always flowers for those who want to see them.

Henri Matisse

T	E	N	G	E	I	I	I	S	D	E	H	M
T	A	H	C	L	C	P	C	L	D	E	S	E
J	P	L	C	B	M	A	A	N	W	L	L	F
H	T	W	E	U	A	L	L	S	I	Y	O	L
V	N	E	I	D	R	B	Q	E	T	V	L	K
D	O	R	S	U	N	I	B	K	V	E	A	U
E	S	A	N	L	N	A	E	A	W	O	U	D
T	R	A	H	R	A	E	M	K	G	H	L	R
X	E	N	N	U	E	R	C	G	Z	E	N	H
V	F	A	R	X	S	A	A	U	Q	M	O	T
H	F	W	O	Y	L	L	S	A	V	V	T	Z
I	E	C	H	B	I	L	F	T	G	K	W	U
L	J	U	L	L	P	N	O	S	I	D	E	R
L	F	L	E	M	I	N	G	N	O	D	N	A
N	E	I	G	N	A	H	G	E	E	H	E	R

BABBAGE	FLEMING	LOVELACE
BLACKWELL	GALILEI	MANDELA
CURIE	GELHORN	MUIR
DA VINCI	HILL	NEWTON
EARHART	JEFFERSON	PASTEUR
EDISON	KING	TESLA

To accomplish great things we must not only act,
but also dream; not only plan, but also believe.

Anatole France

```
N H Z H A M L E W N R B S
X S O O T H E L W X R F O
S U S A E T A R E D O M I
E H I L C W E L T U E Z L
D Z F R H W Q P A S Q D P
A S A R O R C W B T M S R
T O W L L E Q A A I A C Z
E W J B S P R N E L C Z H
A F F O E S A E C L N X S
T L P A A A S S U A G E I
R E L A X I P O D Q L B N
R J Q A M B H P E W L R I
O I M A Y K Y M R H Z A M
G N M U W O X O I O G R I
P E T A I L I C N O C Q D
```

ABATE	EASE OFF	RELAX
ALLAY	HUSH	REPOSE
ASSUAGE	LOWER	SEDATE
COMPOSE	MODERATE	SOOTHE
CONCILIATE	QUELL	STILL
DIMINISH	REDUCE	WANE

Feeling grateful or appreciative of someone or something in your life actually attracts more of the things that you appreciate and value into your life.

Christiane Northrup

```
N T Z G F D S N Q P B Q A
X D I A R U A N J N K E N
J V M O B E D A U Y V A Z
G E F A C H L G P H T L A
X X U O U W R R I I Y A O
O R T Q Y Z O O T Y E R S
T V S P I J W Y E S K O F
M K U G O T W K R Q N H A
L E A R S A E C W Z D C W
Z S F N E R N H I O X K P
F N U C O N P G T G H P I
N N I I T Y F A O A A R T
Q L C L M A E F R G P R X
N A R I T A M O A I J U T
A C I T R A T N A H S Z B
```

ANTARTICA	JUPITER	PAGAN
ASRAEL	LINZ	PARIS
CHORAL	NEW WORLD	PATHETIQUE
EROICA	OCEAN	SEA
FAUST	ORGAN	TITAN
HAFFNER	OXFORD	TRAGIC

Give what you have. To someone, it may
be better than you dare think.

Henry Wadsworth Longfellow

```
E F P A M S H E L P O E P
U L R H U O Z B M V F H V
N R E A G N I T A O L F B
R B S C D X J E E L Y T S
O Q S F T I S F V U K O H
B V L T P R C J G P N U L
C F O U E R O A J L Z Y P
S Y A V N A E N L S L D Y
R E D S K C E I Z T L I U
O K E O A D H E N A A T W
G P R G R M Z K N T D V P
J F E W I O P C D E R U X
K N O Q N Y I L W S R I T
T V E E N K C E L F G C
W B K C G H W I B G H L Y
```

AGENT	LOADER	SAMPLE
BORN	LUNCH	STATE
ELECTRON	PEOPLE	STYLE
ENERGY	PRESS	VERSE
FLOATING	RADICAL	WILL
LANCING	REIN	ZONE

The life of a nation is secure only while the
nation is honest, truthful, and virtuous; for upon
these conditions depends the life of its life.

Frederick Douglass

```
C E S T A E K A R A S G U
O E L L I V L E M I E S M
L G I W A F A W D U M A S
E T H E O H C T C B X X I
R T E T V V R C L U F A N
I C T O N E K T U R Z I O
D K A O B O B G X N K G S
G V J U C S S M A S U D N
E K A L B S T R W H E N I
G L C P U E N E E S E O B
F N Y U O W Z T N M G R O
N A I G D S N L O D E Y R
V N O V A O G O Q W H B S
J Y T R R B U R K E V A Y
A D K B G I H F E N U M L
```

BLAKE	DUMAS	KEATS
BRONTE	EMERSON	KRASZEWSKI
BURKE	FLAUBERT	MELVILLE
BURNS	GOYA	ROBINSON
BYRON	HUGO	SCOTT
COLERIDGE	IRVING	STENDHAL

Whate'er its mission, the soft breeze can come
To none more grateful than to me.

William Wordsworth

```
C N V I C Z A E T E R C A
G Q S Z G R P H B S I V D
J O B Z T A A H Y J R C A
K E A A L U C E B N E B N
V H M A F I L N H Q M Q E
Z U W C Y J Y B W Z D J R
S A F J U L V T T A J T G
N A N G L E S E Y L S J O
S R S U Y A R I E D A M T
X E M A C C G C C E A R L
M A D A G A S C A R B W A
D U O O G D E L E N U F N
F F Z I B I Z A H E R K D
L O C M S X X P Z Y A E Z
M A U G U E R N S E Y R P
```

ALDERNEY	GOTLAND	KOS
ANGLESEY	GOZO	MADA-GASCAR
ARUBA	GRENADA	MADEIRA
BENBECULA	GUAM	MULL
CRETE	GUERNSEY	PALAWAN
FUDAY	IBIZA	SUMATRA

Everyone knew that all islands were worlds
unto themselves, that to come to an island
was to come to another world.

Guy Gavriel Kay

Feminists

```
E I H C I D A I Z O G N C
Y R S I V A D B A R E Z A
A H R C T C I T E F S U R
G Q I B N S E E L E X Y E
O T O T D F R O H D R N V
U P V M T E W U O H O J M
R G U L M I P I H T L A Q
N W A L K E R I S K R J O
A E E E C A F W Z I N Q G
Y S B S F U E W N A B A J
P A E S B V L E G E N L P
E G D I B E L L H O O K S
R B V N D L D W O R K I N
U I P G A V R A D R N R H
Y E R F N I W E I X S E J
```

BELL HOOKS

CULLORS

DAVIS

DE BEAUVOIR

DE PIZAN

DWORKIN

GAY

GOURNAY

GREER

LESSING

LORDE

MARINELLA

NGOZI ADICHIE

PANKHURST

STONE

WALKER

WINFREY

WOLFE

We are all more blind to what we have
than to what we have not.

Audre Lorde

```
L A R U R U L U B I Y E R
D G R A N D C A N Y O N U
R R B T B O R A C A Y D O
A E A E O D S B H A E J B
N T G H A C E A G R T G R
P C A G S I O N R H A E A
U R N C Z E U S Z D G W H
B B O I A T H A T W N W Y
U X W V L M K T I Y E A E
D K M L E Y A S J N D H N
G A O P N N G T G U L K D
J R I T G M C E N E O A Y
T E H D O Q N E O T G D S
R O P E J R F V L E R A E
S I Y A B O K S I D O L S
```

ATACAMA	KOTOR	THE SHARD
BAGAN	LADAKH	TROLLTUNGA
BORACAY	LONGJI	UBUD
DISKO BAY	PROVENCE	ULURU
GOLDEN GATE	SOCOTRA	WENGEN
GRAND CANYON	SYDNEY HARBOUR	ZAKYNTHOS

Slow down and enjoy life. It's not only the scenery you miss by going too fast—you also miss the sense of where you are going and why.

Eddie Cantor

```
S A E P E J Z N O I N O H
H X N A E B D A O R B K S
A O E D V F C L T B E T T
S D R D A L H E E J L D O
P N Z S R N S N W R A R O
A G R U E U I N Q K K U H
R A M O K R D E A A V O S
A E A G C I A F I D M G O
G Q I A H T R D T C O C O
U F T Q M E E L I F O A B
S I I H P Q R E R S R P M
O C I P Y L N K W U H E A
N K E Q A G J S I S S R B
Y P R Y M X A D C N U X F
Y C I A A H Q L T C M P O
```

ADZUKI	GHERKIN	ONION
ASPARAGUS	GOURD	PEAS
BAMBOO SHOOTS	HORSE-RADISH	PEPPER
BROAD BEAN	KALE	RADISH
CAPER	MUSHROOM	SWEETCORN
FENNEL	OKRA	YAM

Vegetables are a must on a diet. I suggest carrot
cake, zucchini bread, and pumpkin pie.

Jim Davis

```
M W L S Y A U I I G S G V
M Q R D D P N N Q S A X M
I E R E L O T S E M H N U
A A C U S R U L E N V F T
H I C L E O T G D Y B T L
H K D P R N L R H C X A R
Y Y I O U B O U J T C X E
B D L A R G R Y T I Y D L
J A D Q Y B D A O E I Y T
V C L M K E I T Z A N L T
B D Y S E R S R R E O N E
O E R E E A U F Z W N A M
L I O N H E A R T E D M S
D A O U C N D A R I N G G
G A Z S U U C I O R E H Q
```

BOLD	GAME	METTLE
BRAZEN	HARDY	PLUCKY
CHEEKY	HEROIC	RESOLUTE
DARING	INTREPID	STOICAL
DAUNTLESS	LION-HEARTED	UNAFRAID
DOUGHTY	MANLY	VALOROUS

And when I give thanks for the seemingly microscopic,
I make a place for God to grow within me.

Ann Voskamp

Creepy-crawlies

```
C J B P Q I T P H E S C A
Z O R L I Y V E E G S R U
A H M H O R N T A I L C S
E R E P P O H S S A R G M
L B T G O V D T Y S G X B
F I Y U B U J W A E A V N
M T D B U N N D O F Q Y M
F I B D N J A D R R Q L I
U N T L Y L E K S O M F L
Z G W E P X C J O D N R L
W T A I T I C E M U G E I
B W Z H T Q P E L N R T P
B I L S K A I D A D Q T E
L Y L F K N I T S E N U D
V D S F P Q S C A R A B E
```

BITING	FLEA	NEST
BLOODWORM	GNAT	SCARAB
BUTTERFLY	GRASS-HOPPER	SHIELD BUG
COMPOUND		STINK FLY
DRONE	HORNTAIL	THRIP
EGGS	MILLIPEDE	TICK
	MITE	

You gave me your time, the most thoughtful gift of all.

Dan Zadra

```
N B R T W T A E H W Y L R
I S T E N I C C J A I N Z
A S M Z P C R S N X O V U
L A J M E P L E R O Y E Y
E R S N D A O A L E R E B
C B N G T D E C Y P B I O
R A L E S K E L B R A M V
O S M T E R R A C O T T A
P A X G J D G Z M W E F L
J L R W L O H W M R H Q W
I T I A L A O G T M Y O W
P P E D O N S E Z N O R B
M N A P T M I S H D P T R
P P Y X D R E T S A L P F
H E N O T S P A O S R U Z
```

AMBER	GLASS	PORCELAIN
BASALT	GOLD	SOAPSTONE
BRASS	IRON	TERRACOTTA
BRONZE	MARBLE	WAX
CLAY	METAL	WIRE
COPPER	PLASTER	WOOD

You cannot do a kindness too soon because you
never know how soon it will be too late.

Ralph Waldo Emerson

Creatures Features

```
P C R L P L S Q F K U V S
S R H T L A W G T B Y B I
E M O I A N L S N O U T G
L F B B J Z D P M I U R I
C V I E O I B B S Y W F L
A F R N A S S B E N G D L
T L A C S K C E O K Z A S
N I A N D E D I V F X D S
E P U M G V N K S O S P R
T P J H X S A I O E O U N
S E T K P F F Z P T F H B
B R R X G I J I S S L Z I
F S A G S O R P O U C H K
I S R E T T O R T R U X E
M B L K S R Y Z L B H D C
```

BEAK	GILLS	SPINES
BILL	HOOVES	SPOTS
FANGS	PALPS	STRIPES
FINS	POUCH	TENTACLES
FLIPPERS	PROBOSCIS	TROTTERS
FUR	SNOUT	WINGS

By the time you are Real, most of your hair has been loved off, and your eyes drop out and you get loose in the joints and very shabby. But these things don't matter at all, because once you are Real you can't be ugly.

Margery Williams (*The Velveteen Rabbit*)

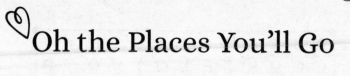Oh the Places You'll Go

Take some time to appreciate the places that have meant something in your life. From a room of your own to somewhere that a significant event occurred. List five places alongside the reason why they are so special to you:

1. _____

_____

2. _____

_____

3. _____

_____

4. _____

_____

5. _____

_____

Spring Bouquet

```
A S I A H I I Z S S M Y L
L O U R T E L O I V Q L P
L V O S A Y L I M O E I P
I Y A T S C X L A B L B S
C A L A O I S I E U Q H S
S U L I I E C U T B V N W
J R I L L L R M T O P E
V I U N M B L X A W J R L
T C M P J F T E D N W I E
S U C O R C I R M P L W V
U L Q R T J O W A A J J V
I A I X G P T N C G C O Z
L R M S N O S M A R F L Y
E L I E G Y F L O W S I A
T W B S D M A I S E E R F
```

ALLIUM	HELLEBORE	PANSY
AURICULA	IRIS	RAMSONS
BLUEBELL	LILAC	SCILLA
CAMELLIA	LILY	SNOWDROP
CROCUS	MUSCARI	TULIP
FREESIA	NARCISSUS	VIOLET

Acknowledging the good that you already have in
your life is the foundation for all abundance.

Eckhart Tolle

```
J A J E E S I O U Q R U T
N L O A R S J X P W B P H
Y P N O D A L E C N I B M
L J G E N E T H A M Z O E
L E A F G V D U M K S L L
E E M E C A Y U O S I A A
K T V F S M S Y U N S M S
C I V Z P F I X F V Z W P
M H I L I G A H L F R I A
C C H J N P W V A U G L R
L A F I A Y W P G V W L A
T L C Y C I Y U E H Z O G
W A D P H X Z M I N T W U
R M W E Z I F O R E S T S
B K N O I L E D N A D N L
```

ARMY	JADE	NILE
ASPARAGUS	KELLY	RACING
CAMOUFLAGE	LEAF	SAGE
CELADON	MALACHITE	SPINACH
DANDELION	MINT	TURQUOISE
FOREST	MOSS	WILLOW

If we are not grateful, then no matter how much we have we will not be happy—because we will always want to have something else or something more.

Đavid Steindl-Rast

```
Z Y N O D O K J C Y C A G
N H W E H E C I V D A A B
A L G D V E T W Z A H F O
M R Y O P A R E V L I S T
Y I V N D G R F K A O H C
A L T J S M P E T O E N K
W E D U O L C E H T A R A
H D Z A X T L N Y T O F P
G U V N M E E G U W R H P
I T J L G N E R D W E F E
H I T Y O R E L R O D G Z
E L B L Z A E H E L N T A
H O A U F I C E A V O A M
T S M R F J R I M E W Y T
Q C J I A Q K T S S V T I
```

ADVICE	*LARA*	*THE HIGH-WAYMAN*
ALONE	*MAZEPPA*	*THE RAVEN*
DON JUAN	*NATURE*	*THE TYGER*
DREAMS	*SILVER*	*TO A LADY*
ELEGY	*SOLITUDE*	*WOLVES*
FIELD WORK	*THE CLOUD*	*WONDER*

O Lord, that lends me life,
Lend me a heart replete with thankfulness!

William Shakespeare

```
G T P S E T A R H P U E R
S E O T F J T H R D Y R O
A X R V S M M H A O P C H
A B B H T L I E S R Y T V
R D E D T N R U R D W V W
N I L E E K D W I O T G J
M A C K E N Z I E G U U U
V O F H I Z N P E N Y H S
A Z E E X R O N Q E R M R
A Y Q B E R Y I Y U G T E
N B V V U T Q Q H E Y N D
E F E O G N I R T O O Q N
L S D V L W A I X H D Q I
I V R C A G U D R M M S L
T C M U J K A N Y D N W F
```

DANUBE	INDUS	RHONE
DORDOGNE	LENA	RUHR
DOURO	MACKENZIE	SAAR
EBRO	NILE	SEVERN
EUPHRATES	OHIO	TYNE
FLINDERS	RHINE	VOLGA

Praise the bridge that carried you over.

George Colman

Seas

```
C O D D E R O V B G S E N
R O E T H S E A L T H T N
L A V A J S U A I A C X P
D C P H I L I P P I N E D
P S E O B K R R D G T W U
Y U D Y C B P W I E C G A
A N D A M A N H O A C N I
D S L C R X T O R I I I A
R B U O K R F I T H N R R
I D M L O Z B L C I A E A
A I E N U B A H O P E B B
T Q X H E B T M Y R G Q I
I J L A G U P G E X E I A
C W N U O L A R O C A S N
O B C S U U L J P N I Q U
```

ADRIATIC	BLACK	JAVA
AEGEAN	CARIBBEAN	NORTH
ANDAMAN	CORAL	PHILIPPINE
ARABIAN	DEAD	SOUTH CHINA
BALTIC	FLORES	SULU
BERING	IRISH	TIMOR

The sea does not reward those who are too anxious, too
greedy, or too impatient. One should lie empty, open,
choiceless as a beach—waiting for a gift from the sea.

Anne Morrow Lindbergh

```
I  L  V  W  D  V  U  V  G  E  B  E  K
J  N  V  L  F  E  S  P  V  S  Z  R  V
X  V  D  F  U  T  U  C  E  V  T  D  D
M  D  A  U  I  H  H  Q  S  T  F  J  R
E  Y  I  N  C  E  N  T  I  V  E  M  Z
C  K  G  F  E  E  U  E  Q  P  N  O  U
D  M  O  R  C  E  R  X  V  H  L  N  Y
U  H  L  V  F  I  G  C  T  I  I  T  L
Y  K  S  W  O  O  E  I  N  Q  V  N  L
K  S  W  W  K  R  S  T  E  S  E  E  A
R  C  I  S  T  U  P  E  T  V  N  T  R
C  W  I  U  X  M  U  I  Z  U  O  E  K
B  H  F  K  T  M  R  I  L  E  P  M  I
W  Y  P  R  Q  U  A  V  N  D  R  P  C
V  D  S  J  P  G  X  G  U  O  A  T  E
```

CHEER	KICK	SPUR
ENLIVEN	MOVE	STING
EXCITE	PIQUE	STIR UP
IMPEL	PROVOKE	TEMPT
INCENTIVE	RALLY	URGE
INDUCE	REVIVE	WHISK

Everything that is new or uncommon raises a pleasure in the imagination, because it fills the soul with an agreeable surprise, gratifies its curiosity, and gives it an idea of which it was not before possessed.

Joseph Addison

```
T U V L Q U N P W H B H N
N S E P A E A L R S G T E
A P R O N O S P M S U O H
T R I N S E A M K F U L S
C E X T Z T S O Y V M C E
E T D Q E M A C D M H S R
F A Z K S Z H I X Z U R F
N W U Z F H Q B N D H E U
I T I D Y I N G S S B N E
S O L U M E E E O G U E D
I H E G N O P S D O R T J
D L P W C P O C A H C F M
G C N F O A M R E K S O U
W H P Y K S S Y B M Y S N
A N E P L U N G E R G J A
```

APRON	HOT WATER	SODA
BROOM	PLUNGER	SOFTENER
CLOTH	RINSE	SPONGE
DISINFEC-TANT	SCRUB	STAINS
	SOAK	SUDS
FOAM	SOAP	TIDYING
FRESHEN		

Gratitude doesn't change the scenery. It merely
washes clean the glass you look through
so you can clearly see the colors.

Richelle E. Goodrich

```
D G T B C F S E O R P T M
E U X B O F E A R L E S S
T T A A V L Y G U X B R G
R S L L G I D C C Y A J H
A Y S D T A K I S T C R N
E H Q U R Y T H B R A V E
H B A I O I U X E U O V B
N F N Z N T H M D R E Y I
O G C G A S I A M N O N J
I Q W H I R C U T P T I Y
L S W L A I D F T R I K C
M O O S O N U O E R S L Q
I O I U Z L C P U I O V S
F C S Y A V I Y R S O F E
T H H P D D A N E H S A R
```

AUDACIOUS

BOLD

BRAVE

CHANCY

DARING

EVENTFUL

EXCITING

FEARLESS

FOOLISH

FORTUITOUS

GUTSY

HAZARDOUS

HEROIC

INTREPID

LION-
   HEARTED

PLUCKY

RASH

RISKY

We can experience nothing but the present moment,
live in no other second of time, and to understand
this is as close as we can get to eternal life.

P.D. James

```
Y G R L X Z D T K C W C V
X R X F C K T N L K H L T
R E O Q L N I A S I I T C
Y V N Z I L N V N G N U O
Z E E Y C G I K Z R E L M
K R A Z K E A W E D P R H
H B S C L W R T H P H I R
X E Q B O P T O L S S G J
L R B F K U S M C S N T O
P A N N L D S R T I L H F
B T L P S W E T T W R R K
T I S D G E T A I Y A R Y
T O I X C I E D E C N N W
W N N H R L D L I P S X G
N T O E B Y L Y Z B W G G
```

ACOUSTICS	CLINK	SPLUTTER
BABBLE	ECHO	STRAIN
BLEATING	HISS	TONE
CHINK	REVERBERA-	TWANG
CLANG	TION	WHINE
CLICK	SCREECH	YELL
	SNARL	

Happiness consists more in small conveniences or pleasures that occur every day, than in great pieces of good fortune that happen but seldom to a man in the course of his life.

Benjamin Franklin

```
V S W F B K O X V G I U U
D R U H B A S T E R O I D
E A A N I Y R Z N L R F S
D I X C A T W Y U U A V J
S N O O M R E Q S R S S R
Y B B E U N U D F E A H U
M E R C U R Y J W T U G T
C J C T V J U H U A Q V E
L P P V E P T R F K R I M
L E O Q I R N N D I D F O
N O I T A L L E T S N O C
Q X E E U G H L D M E E K
M R N P U L S A R M A J H
R O E T E M P W N A I R V
Q J T E N A L P O X E E S
```

ASTEROID	MARS	PULSAR
COMET	MERCURY	QUASAR
CONSTEL-LATION	METEOR	SATURN
	MOONS	URANUS
EARTH	NEPTUNE	VENUS
EXOPLANET	PLUTO	WHITE DWARF
JUPITER		

Gratitude opens the door to the power, the
wisdom, the creativity of the universe. You
open the door through gratitude.

Deepak Chopra

Russians

```
H C I V O K A T S O H S N
G A G A R I N T Y D A N I
A Z N G G X X E V X K Y K
W Y E P A V L O V A H S H
B A A N Y D M V Z R M T S
E P U K I I O F F V A I U
R F N E S R E T E P T N P
L W J A A T E N Z O O E E
I Y B P C G E H L N V H N
N R S C O G H S T V A Z I
A A A R R N T K I A J L D
K X K U J O A W A L C O O
D Y T E Y L Q P I Z P S R
Y I R J H O R O W I T Z O
F A V O P A R A H S A J B
```

AKHMATOVA	HOROWITZ	SHARAPOVA
ASIMOV	KASPAROV	SHOSTA-KOVICH
BERLIN	PAVLOVA	
BORODIN	PETER	SOLZHENIT-SYN
CATHERINE	PLISETSKAYA	TOLSTOY
GAGARIN	PUSHKIN	TURGENEV
GORKY		

Truly there would be reason to go
mad were it not for music.

Pyotr Ilyich Tchaikovsky

```
B R M W N T P E C C A O U
O K L W Q I X C R S D O D
H T O L E R A T E F R H O
S L R A E B R T D F U D E
T M H M Q W T T S I Q P R
N P A H D L D W A U B V E
E I T L E O T C W R S E V
N G S T I C K O U T R S E
A U E R C V Q E T N Y Y S
M O R O C B E N R E J C R
R P S T V C Z O W U T D E
E D M T I C O C N S D F P
P P Z E A A O O A T X N Z
T D H M P Y W L M S W F E
W B T S A F D A E T S L L
```

ACCEPT	LIVE ON	STAY
AWAIT	PERMANENT	STEADFAST
BEAR	PERSEVERE	STICK OUT
DWELL	REMAIN	SUSTAIN
ENDURE	REST	TARRY
LAST	SETTLE	TOLERATE

Greed are the handcuffs and gratitude is the key. Sadly,
sometimes we prefer wearing the cuffs to finding the keys.

Craig Ð. Lounsbrough

```
E D G R N B X G D Y C Y J
W I G O V O Q U L R R Q L
F H L O G K L Y N R M N C
N I O E O N H E E E G O U
B C C R U S A B M B R M D
A A E H T O E M U L D E O
J V N M E L L B H U O L I
D D O A K R E I E M T B H
N N Z C N N R B V R E U C
O E U O A A V Y E E R N A
M H J C I D D B K R Q Y T
L T E O O S O E O L R E S
A P W N I Q M G J X T Y I
I R R U K I L T E A N D P
D O Z T L V I N D H H F F
```

ALMOND	GOOSE-BERRY	MELON
AVOCADO		MULBERRY
BANANA	HUCKLE-BERRY	OLIVE
CHERRY	LEMON	PECAN
COCONUT	LIME	PISTACHIO
DATE	MANGO	WHORTLE-BERRY
FIG		

Expectation has brought me disappointment. Đisappointment
has brought me wisdom. Acceptance, gratitude and
appreciation have brought me joy and fulfilment.

Rasheed Ogunlaru

```
E E L A E D I N F E A D E
E D Q U L T M E Q C H G L
U I K L S G P Z N I A N B
I R P E V J P E M O Z U A
A P C R E I R U I H A M T
K I P W I V I O F C A B A
N Z E Q R Z M B H T E E E
R L R Z M Q E P C N L R B
H Z F P K I S H O I X O N
I C E I P U L P T T B N U
G G C C P E V E X B P E L
H I T E S U Z D Y Y O I E
E U R S N X D E E O V Z T
S B H C T O N P O T Y C I
T O N N J J E M E R P U S
```

A-ONE	MATCHLESS	PRIZE
CHOICE	NICEST	SUPERB
ELITE	NUMBER ONE	SUPREME
HIGHEST	PERFECT	TIPTOP
IDEAL	PRIDE	TOP-NOTCH
JEWEL	PRIME	UNBEATABLE

Even the darkest night will end and the sun will rise.

Victor Hugo

The Simple Things

```
H C C F H E O U S T E P L
D I S L T Q S F A M I L Y
B S I O G N B E L O Y X R
O U U W T K C S E T Y A B
O M O E B N T F H H A B R
K N E R S E P H P E C T H
S C Y S S G T E A R X I A
T F C N G H P S I N D X P
E B U O P B D Y A A C X P
O S E A F E I A P T E H I
S K L A W F O N E U S C N
S J Q H C C E P J R J D E
S G Z I J H Y E L E B B S
Z Q U Q I U E X H E E U S
O P V H S Y Z S I C D U L
```

BEACHES	FAMILY	PEOPLE
BED	FLOWERS	PETS
BOOKS	HAPPINESS	SNOW
BREAD	HUGS	SUNSETS
CHEESE	MOTHER NATURE	TEA
COFFEE	MUSIC	WALKS

With a few flowers in my garden, half a dozen pictures and some books, I live without envy.

Lope de Vega

Gratitude in the Present

Mindfulness encourages us to be aware of being in the present moment, and this exercise will help you to achieve that by asking you to focus on your senses right now. Think of three responses to each of the prompts below.

I'm grateful for these three things I hear:

1. _____

2. _____

3. _____

I'm grateful for these three things I see:

1. _____

2. _____

3. _____

I'm grateful for these three things I smell:

1. _____

2. _____

3. _____

```
Q Y K U T B O O H O W D G
X C W R V J M R E T S I S
D D O P A R T N E R F T D
J Q Y N Y I B E N R H S J
X E C A F E L L O W S I C
I D C L O I B I Z M R N O
S A Y L T M D S M E J O M
O R D Y R D K A V A N G P
U M D D O E D O N O F A A
L O U X H V L F I T C T T
M C B H O C O P Y R E O R
A B F C C G M N U V N R I
T G A V I A O S F P C P O
E T O M H R D D L N H X T
E I A C C Z W E Y A E D D
```

ADVOCATE	COHORT	FELLOW
ALLY	COMPATRIOT	LOVER
AMIGO	COMRADE	PARTNER
BUDDY	CONFIDANTE	PROTA-GONIST
CHAMPION	CRONY	SISTER
CHUM	FAMILIAR	SOULMATE

I'm just thankful for the people that never left me and equally thankful for those who did.

Nitya Prakash

```
B N R O C P O P L G I R O
C W M N J C A V X X V E Z
J A S M I N E S A R N M R
H T P T D R A T S U C M I
P D I W R J K A D S Y A N
L U L V O R D D R N F H J
X B U I O R N E E O E W L
Q E T Y K A R S C S L O E
B S W Z S M Y A P P P L M
A E E C A N A R Y M P L O
N E M G V U V I N I A E N
A H R E N Q M G Z S E Y R
N C V K L O Y G G E N M K
A L S X A O P M B H I I K
H P M I V G N S I T P Z H
```

BANANA

CANARY

CHEESE

CUSTARD

EGG YOLK

JASMINE

LEMON

MAIZE

MELON

NEW YORK
  TAXI

PINEAPPLE

POPCORN

SAND DUNE

SPONGE

THE
  SIMPSONS

TULIP

YARROW

YELLOW-
  HAMMER

We should certainly count our blessings, but
we should also make our blessings count.

Neal A. Maxwell

```
F R E O Z L E R A F H S C
O N P Z S C Y G N U S A J
R F I Y S U C N K O P C M
N D C E S R R I L R I A Z
A R T A U N N U I V I R E
X O O X N I S C A U V I O
A C R N M I O A S T D N T
S A D E I R S U G E N A F
N R G I N M E M L I I E W
A D O U C S A P A E T S C
T I S I R L H S N J P T F
C T V E A I S Y R H O U A
O B P U N R N Z D U E R S
C Y Z U F R Y A N E M G T
A F S H T E B L D I M E E
```

CANIS MAJOR   DELPHINUS   OCTANS

CAPRI-   DRACO   ORION
  CORNUS
               FORNAX   PERSEUS
CARINA
               GEMINI   PICTOR
CENTAURUS
               LEPUS   SAGITTA
CRUX
               LYRA   URSA MINOR
CYGNUS

We can never sneer at the stars, mock the
dawn, or scoff at the totality of being.

Abraham Joshua Heschel

```
B N S G K Z Y H A A K N U
U Z J T E E J P K Q X G V
J I E K N M P O B R E A D
R M G S E L B A T E G E V
I E X N E U K O Q F R P B
P G D S I S C D L E I Y A
E A K C Q K C F C Q N I E
N R N I A W A O R T X F B
I O Y D N A T M M G Q K K
N T A I S Q B I Y B M L E
G S A T L T L E U A I R Y
I R Y T S L U F A R H N T
G A T H E R I N G N F R E
I F U T I C I S B W S X M
N Q B V B U N D L E F U R
```

APPLES	GATHERING	RIPENING
BEANS	GRAIN	RYE
BREAD	HAYMAKING	STORAGE
BUNDLE	MILLET	VEGETABLES
COMBINE	NUTS	WAIN
FRUIT	OATS	YIELD

Don't judge each day by the harvest you
reap but by the seeds that you plant.

Robert Louis Stevenson

Zeal

```
B C K F H S R X A M I K E
A K X Y F L D A O Y J Q Y
F X E I R S T U D Y A G D
I P R E E T W J P F R L P
N E X U N S O C R E M Y K
T D C M Z N I G N V T T M
E T E J Y I E E I I T I S
N N Z V W W O S R B A D A
S O O H O F T I S W D I I
I T A I T T P F A D A V S
T S Z V S S I R X R Y A U
Y U G E D S M O Y I T P H
T G M R S T A U N V Y E T
S I X V H T C P L E Z D N
S C O E C N E M E H E V E
```

AVIDITY	FIRE	SPIRIT
BIGOTRY	FRENZY	STUDY
DEVOTION	GUSTO	VEHEMENCE
DRIVE	INTENSITY	VERVE
ENERGY	KEENNESS	WARMTH
ENTHUSIASM	PASSION	ZEST

A vacation spot out of season always
has a very special magic.

Max von Sydow

```
H X A M U L J P Z I V L I
C I R R O C U M U L U S T
U B H J P O S U R R I C L
M D L T H U N D E R A I C
U A H A E Q N K H N A I X
L G Y T C Y Z S V T R P I
O R Z E Z K T I S R F I V
N I H M Q O L E O T R L N
I V V W R K R S E S J E G
M M A M M A T U S N E U F
B N E L M R H L I F T S L
U C E Q A K A A J N I N U
S J E T S T R E A M H O F
W E U D X Y L V B R W W F
V S N O I T C E V N O C Y
```

ANVIL	CONVECTION	PILEUS
BLACK	CUMULO-NIMBUS	RAIN
CIRRO-CUMULUS	FLUFFY	SNOW
CIRRO-STRATUS	JET STREAM	STORM
CIRRUS	MAMMATUS	THUNDER
	MARE'S TAIL	VIRGA
		WHITE

Thank God I have seen an orange sky with purple clouds. How easy it is to forget that we have the privilege of living in God's art gallery.

Erica Goros

Happy

```
E N U S K W P Y K E K D R
H O L U M E O O L E M A W
T O Z A R I D T T L M L L
I M X K I R L N N Q O G J
L E Y L Y V A I O Q A J Z
B H N M X I O T N Y Q W P
I T W S D D N J C G H G T
F R S A T A E I L S E K X
M E R R Y C V P O P O Y E
J V L O E T A N U T R O F
L O U A B X G G D L T L I
U B Y V T G R I N N I N G
C V P F K E X L I V E L Y
K V B D U Y D O N Q A D J
Y N K Q U L T N E T N O C
```

BLITHE	JOLLY	ON CLOUD NINE
BUOYANT	JOVIAL	
CONTENT	JOYFUL	OVER THE MOON
ELATED	LIVELY	PERKY
FORTUNATE	LUCKY	RADIANT
GLAD	MERRY	SMILING
GRINNING		

Be thankful for the infinitesimal thing that you have. Learn to value the blessings.

Giridhar Alwar

```
N A I D E M O C D Y T P K
W R U E T N O C A R S U T
V T T A P D S D N J I P S
X E N S C N I L C N N P I
R I N U I T A Z E L O E N
E R L T Q L O I R I I T O
D E N L R H A R P M S E I
A T V W U I H C U S S E T
E S I C O S L S O P E R R
R E J S V L I O P V R H O
D J X L T C C O Q A P D T
N L E V I O V Y N U M N N
I B G A U Q O F U I I O O
M T N R E L G G U J S S C
R E G N I S T L E Z L T T
```

ACTOR

CLOWN

COMEDIAN

CONTOR-
TIONIST

DANCER

ILLUSIONIST

IMPRES-
SIONIST

JESTER

JUGGLER

MIND READER

MUSICIAN

PUPPETEER

RACONTEUR

SINGER

STOOGE

THESPIAN

VENTRILO-
QUIST

VOCALIST

Gratitude is the most exquisite form of courtesy.

Jacques Maritain

Activists

```
P A Z S L E R U D Z I Z K
I Z A L E D N A M R E I D
F S I K V G E D U S N A T
J Q A R P R D S P V E F B
U P Z C P E T I E S T V M
M W F F P I A A R A N V E
M Z A R N S J E D B O Y N
C P S O J F I V E D F C I
C S U B A K E R V M A V E
A W O E T F I T U C L M T
R P Y S Q U D H H V E G S
T A S O X I B A D G B Q P
N R W N I W V M V N I F S
E K R E G E E S A I A E E
Y S K S Z A D Q T N S G H
```

ADDAMS	DAVIS	ROBESON
BAEZ	GANDHI	RUSTIN
BAKER	HEIGHT	SEEGER
BELAFONTE	MANDELA	STEINEM
BRIDGES	MCCARTNEY	TUBMAN
CHAVEZ	PARKS	YOUSAFZAI

Don't feel entitled to anything you
didn't sweat and struggle for.

Marian Wright Edelman

```
R L A G T I H C E E P S L
M X O T R A N S M I T I I
C L Q I P F R P D R S H V
B E H L A U Z E O T S J U
H O E N O T Y P E L Y T I
Y A R C C J E N W X T S W
D I S Y A R P C F E X H M
X I N F O R M S R K B X L
D A C T Y L O L O G Y V T
C O H B F V S L G R E E T
B O Z U Y C A L L F O R N
Y L N N Y N X E Y R V L T
G B A V G M V N K E F O A
X T G I E N O S S A P G V
P Q S X H Y A A P D I O D
```

BLOG	INFORM	READ
CALL FOR	LISTEN	REPORT
CONVEY	LOGO	SIGNAL
DACTYL-OLOGY	PASS ON	SPEECH
	PLEAD	TRANSMIT
DISCOURSE	PRAY	UTTER
GREET		

Sharing is sometimes more demanding than giving.

Mary Catherine Bateson

Birds of Prey

```
Q J Q T U L W O Y N W A T
O P S R O A D R U N N E R
C Y E C E D R A Z Z U B Y
T A C I M T L N I L R E M
P E R E G R I N E Q R N S
P A E R E M M K R P G Q P
B U T T I V V U S L W L A
B A A W Z O N O E R B E R
H E R T P O N R I O D V R
V O Y N F O T C L D N U O
G B B F O S M E R N W L W
V V I B E W M A E O Q T H
X R R K Y Q L G M C W U A
G O D W M J R L N Y N R W
E M M J A E G E R D F E K
```

BARN OWL	HOBBY	ROAD-RUNNER
BUZZARD	JAEGER	SECRETARY BIRD
CARRION CROW	KESTREL	
	KITE	SPARROW-HAWK
CONDOR	MERLIN	
EAGLE	OSPREY	TAWNY OWL
GRIFFON	PEREGRINE	VULTURE

Gratitude will shift you to a higher frequency,
and you will attract much better things.

Rhonda Byrne

```
N I S I A R D N A M U R F
V A N I L L A D H S E O U
X P K G N A X A B C R G O
C J R F R R Z A Q E A B H
A I B A P E N R S Z R E N
R V Z Z L O E T Y O E A P
A L G N F I F N W I P C I
M R U F D R N N T I H N A
E T E Q U X B E Z E O N P
L E I I M R H R R M A G R
H E T Q E N A R U N Y J I
C S M A V M Y P A M A Z C
J I D O C G S B N H U I O
B L T U N A E P W V U X T
K T N A R R U C K C A L B
```

APRICOT	CHERRY	PEACH
BANANA	FOREST FRUITS	PEANUT
BANOFFEE		PRALINE
BLACK-CURRANT	GREEN TEA	RUM AND RAISIN
	HAZELNUT	
BROWN BREAD	LEMON	SPUMONI
	MARZIPAN	VANILLA
CARAMEL		

Love is, above all, the gift of oneself.

Jean Anouilh

```
O K H S T N L R H H D V X
Y Z A E M E R A L D O W H
S H Z W L Q J F A A M S B
E I E G J I V J T E K E M
S A L M O N O V S Y N S D
O I Q V G C L T U I W K M
R I Z B E Z N O R B R T T
J C C M R R A A O O U N M
A U O E F U M V C N P R P
G A B P G A H P T L R E E
E M O J R K Y S U S X F G
A R D T Q N E O L Z J Q I
K S L E W H N H I T Y W E
H U L A C G F S A G E X B
N A T L I Z E V K H P Z P
```

AMBER	FERN	SAGE
BEIGE	HAZEL	SALMON
BRONZE	HELIOTROPE	SILVER
CHESTNUT	JET	TAWNY
CORK	ROSE	TEAL
EMERALD	RUST	ULTRA-MARINE

It is not joy that makes us grateful, it is
gratitude that makes us joyful.

David Steindl-Rast

```
E N I A L P E Y D W R D I
U B B L U N T L E I Z N A
B N Y T D S M B P E T S Q
F Y E E N O T U A M I N V
E V T M V E B E M S I I V
V U V H B R D V R S I S U
M I K O K E A I I E V C I
X K N Y Y C L E V O H D N
S T A R K N N L L E U K R
D O R R F I D A I C G S Z
S I F C K S D I T S H C E
M O C D U P A P R R H R X
X T R U T H F U L E A E H
I P F O L N H H E O C P D
O X T S E F I N A M O T S
```

AUSTERE	FRANK	SIMPLE
BASIC	LUCID	SINCERE
BLUNT	MANIFEST	SPARTAN
CLEAR	MUTED	STARK
DIRECT	OBVIOUS	TRUTHFUL
EVIDENT	PLAIN	UNEMBEL-LISHED

Showing gratitude is one of the simplest yet most powerful things humans can do for each other.

Randy Pausch

```
A U A G T Z M G Y I H E J
O G D E H O P Y S T G M C
X J L C N L I C N E T S I
Q V G T I H I H Q B E U H
Y L A J Z M E H Z E G E P
R G Y V A W T W L I N A A
E A L R S I N A L L I F R
C B E M W O O D C U T J G
A C U N Y C I Q L O I L S
R V Z A R N T J T I Y C G
T V R A G G N I H C T E S
Q C H L E T S A P D Y D I
A C R Y L I C F E I L E R
W C B U A D S N H Z F G U
K I T A B P E O J Z H J P
```

ACRYLIC	ETCHING	PUTTY
BATIK	GILDING	RELIEF
CERAMICS	GRAPHIC	STENCIL
CHARCOAL	MONTAGE	TINGE
CRAYON	OILS	TRACERY
DAUB	PASTEL	WOODCUT

Dreams are what guide us, art is what defines us, math is
what makes it all possible, and love is what lights our way.

Mike Norton

Thank You For...

Use the space below to write a letter of gratitude for something, great or small, that means a lot to you. You may decide to send the letter, email it, read it aloud to the addressee, or to keep it entirely private. Whether you choose to share your letter or not, this exercise will help you to think about and express your gratitude more in your everyday life.

Dear _____

_____

_____

_____

_____

_____

_____

_____

_____

_____

_____   *Yours gratefully,*

Stormy Weather

```
C W K D V H S D A C M N G
B G O Y E Q U W L M Q W J
R H E A U L K O I V T N G
E C V A L G U S T Y Q Z U
E Y L N D D T G B G C G P
Z L E H B Y Q C E C L E T
Y S K U R U Z T L O V Y Y
S T R K A H O X O I P R S
U S F U G F M M S H E S Z
T T Y U I O Y S O T Q H G
T Y O N N E O S K K O N
F R D S G R N U B L O W Y
G O O N P Q L D R C N E F
Q O E P I B C Q W B W R B
N T O P H W K F B X L S A
```

BLOWY	GLOOMY	RAGING
BLUSTERY	GUSTY	ROUGH
BREEZY	HEAVY	SHOWERS
CLOUDBURST	MISTY	SQUALLY
DELUGE	MONSOON	TYPHOON
DULLNESS	OPPRESSIVE	WINDY

Gratitude always comes into play; research
shows that people are happier if they are grateful
for the positive things in their lives, rather than
worrying about what might be missing.

Ðan Buettner

```
J G N B J H Z N X E F J G
T P V Y S J B S T O N J N
T F M O M A O S C I T N A
I E J K N N O P E P I U Q
F D E T E P A J J C R X K
P A E E I Z U S F E R M K
M R R R T M D P P X S A B
A A O V P R Q R O O D T F
Q H C I U S A C J N O E L
J C C J H N E P I T I F E
Z W O H K U G R E L I C D
W K M B W A O V B R O H E
E A E T G N E G K P N R D
M N D S Y G N U W U I F F
R T Y S R E H G I N G A N
```

ANTICS	GAGS	PRANK
BANTER	IRONY	PUN
CHARADE	JAPE	QUIP
COMEDY	JEST	REPARTEE
FARCE	JOKE	RIPOSTE
FROLIC	JOSH	SPOOF

There's nothing like the deep breaths after laughing that hard. Nothing in the world like a sore stomach for the right reasons.

Stephen Chbosky

P U O S A Z H Q D J L Y V
L F I B R O U S F O O D S
I J E C Q H G U P G C R S
T L N S S C T E U Q R T V
N A G E V A A R Z K I R Z
E E D V I N T P U L S E S
L M A C U I O K T A H B O
B T L T I P G O H S M S Q
W A A R F S N Q T P L E Z
E O S B O L O G N A I S E
H H T Y E Z F F P R M Y N
E O C S T I V J J A E O W
A D N I T S K Z H G M E T
U P K E U O A Z S U T Z D
Y K H M Y Q W T D S R U Z

ASPARAGUS	PEANUT	STEW
BOLOGNAISE	PULSES	STILTON
FIBROUS FOODS	QUICHE	TASTY
	SALAD	TOMATO
HONEY	SOUP	VEGAN
LENTIL	SPINACH	YOGURT
OATMEAL		

No one who achieves success does so without acknowledging the help of others. The wise and confident acknowledge this help with gratitude.

Alfred North Whitehead

```
H C A E B K E K E T E N A
D J B C R I L U K W L A I
U C N E N O T S D I U R D
N Z A U T A G R O M E T W
E E R L S J L G U T H S S
D H M O A S A A Y B G I E
U Y G T Z S R Y N A R K L
P A A R O G A B C H U A S
Y B Q R S I K O Y A B F I
L L U E O G S P N E M Z H
A A W C Z B P L S A A T C
T O R T U G A B A Y B P A
I H C O L L E R A N I P N
F S C R A J Z S O H D F O
N A D A R K H O K B Y I M
```

BAMBURGH

BORA BORA

CALA SAONA

DRUIDSTONE

DUNE DU
  PYLA

ES GRAU

FAKISTRA

KOH KRADAN

MONACH
  ISLES

MORGAT

NEMTO
  ISLAND

PINARELLO

SHOAL BAY

SUNJ

TEKEK BEACH

TORTUGA
  BAY

YYTERI

The world has enough beautiful mountains and meadows, spectacular skies and serene lakes... What the world needs more of is people to appreciate and enjoy it.

Michael Josephson

```
G A N O E L E M A H C V P
T E D T U A S L N D E R D
S U C N H U E E O F A R E
K R C K O H K R H S C K L
I T O G O C H E T S A X I
N G B S O R A D Y E E N D
K O R D G R M N P D C R O
A N A U G I F A A H A O C
T C E G H L A M M Z J T O
N U A E M E X A I B O A R
E S R F H K O L S A A G C
W Y E T I I L A D I A I S
T U P V L M O S N J C L H
B E I M N E T T F H K L A
H C V D F I L E W E N A W
```

ALLIGATOR	FROG	PYTHON
ANACONDA	GECKO	SALAMANDER
AXOLOTL	IGUANA	SKINK
CHAMELEON	LIZARD	TOAD
COBRA	MAMBA	TURTLE
CROCODILE	NEWT	VIPER

I am happy. I am very happy. This morning when I woke up
I felt good because the sun was shining. I felt good because
I was a frog. And I felt good because I have you as a friend.

Arnold Lobel (*Days with Frog and Toad*)

```
U S X A M I N N M C W W Y
M V E X S E I U N S N E N
A A F G C N F A C T N J Y
H V R R A F A E L O M S E
T A T M I S R E H C S X C
I E S N A E U B B I E I I
U T S H A L D A U R L H U
R F P L B T A E S P F U J
F O S R A R O D G A F D E
E T O A S T O M E G A H G
P O K T Y R B W A R W S N
A P I C U U R Z N T J C A
R K G Q U G E J W E O R R
G L B Y E O A B R V C E O
K L D B Y Y D V L P J O S
```

APRICOTS	HAM	POT OF TEA
BEANS	HASH BROWN	SAUSAGES
BREAD	HONEY	TOAST
CEREALS	MARMALADE	TOMATOES
FRIED EGG	MUFFINS	WAFFLES
GRAPEFRUIT	ORANGE JUICE	YOGURT

Gratitude automatically opens your heart
to appreciate and receive all the blessings
of creation in abundant perfection.

Andrew Lutts

In the Park

```
L U K E O S E L S E N C G
E C N E F K B Q E R K D D
N D E A P L T U E Q A A T
E A H L N O M J R D S Y L
E R U Q P S N C T H D L W
R K D H H O L D T P S Z E
G P O T P C E O S S R G Y
G S A S O A P P T R R W Z
N P P E I C V A C Y V N W
I C D G T N E I C R W D V
L B H G R S N S L A H R R
W U B M P A G E L I F Y O
O S G N I W S W T V O E S
B B A N C H U S X A L N E
O K Q G S E H C N E B Q S
```

AVIARY	LAKE	ROSES
BENCHES	LAWN	SEATS
BOWLING GREEN	PATHS	SHRUBS
	PAVILION	SWINGS
CAFE	PEOPLE	TENNIS
FENCE	PONDS	TREES
GRASS		

Love is the strongest thing in the world, you know. Nothing can touch it. Nothing comes close. If we love each other we're safe from it all. Love is the biggest thing there is.

Đavid Guterson

```
O I A I J W M E Z E O H Y
O L O I O H N H S V T V T
N Q Q R E D I R P O N C I
O I R Y V H G U I L T N P
I O O T G G Y R E N D Y Y
S P R M V N E C O E T L A
N Y R N O G I I P E G G M
E Q E B N D T R I E J T S
H T T A U A E X E E F X I
E D D J L S N R T F R I D
R C E E S A R Y O C F X Q
P R Y I R F R P G B J U N
P F O E P T E M E N K G S
A N B L N M A A R D T E G
K U O L F U P H R G Q R G
```

ALARM	DISMAY	PITY
ANGER	ELATION	PREJUDICE
ANXIETY	FEAR	PRIDE
APPRE-HENSION	GUILT	SORROW
BOREDOM	HATRED	SUFFERING
DEPRESSION	LOVE	TERROR

Gratitude is the healthiest of all human emotions. The
more you express gratitude for what you have, the more
likely you will have even more to express gratitude for.

Zig Ziglar

Floral Clock

```
S D T I A I A T N O O S N
F S O G N O L A W W P Y X
B N A E C H E V E R I A Y
I V I R D D Y G J T T P Y
E M U E G I N M S B R E H
Y N I I L I N D H V V W R
K Z N N D L M B N O X A R
F G S D U Z U Q U C U E M
Q W E I A T D M I R D R I
J B I W L T E S B N G T S
N T C H Y A S S E Y H H T
V H T T S R X V R D A U G
K Y K A S K A O I C N G Z
J M G H U L E K S A D N F
K E E D M T X Z Q G S M T
```

AGAVE	GRASS	MINUTES
ALYSSUM	HANDS	MULLEIN
BEDDING	HERBS	OXALIS
ECHEVERIA	HOURS	SAGE
EDGING	IBERIS	SEDUM
EDINBURGH	LAVENDER	THYME

Blossom by blossom the spring begins.

Algernon Charles Swinburne

ASTER

CROCUS

DAISY

FORGET-ME-NOT

GERBERA

GLOXINIA

HYDRANGEA

IRIS

LILAC

LILY

MIGNONETTE

PEONY

RAGGED ROBIN

SCABIOUS

STOCK

SUNFLOWER

TANSY

THRIFT

Gratitude is the fairest blossom
which springs from the soul.

Henry Ward Beecher

D B Y T D X C R O R R O H
L E V O N H L U F U D W E
G B X L A I A A B C R L T
Z P W P G K I U B R C P H
B F T K P R F T B I K I E
T E X T Y R H H N Y D G S
R Y U T N R S O P H I O A
C E A M I A R R S N C X U
U L V L Z H P U X X T V R
E L L I C W P U S E I U U
X E I T E C L E O D O R S
R X R O G W G V S N N E W
T N E M L A T S N I A V G
I Y D E P H E R R O R O J
C U E R O M A N C E Y C F

AUTHOR	HORROR	REVIEW
CHAPTER	INDEX	ROMANCE
CHRONICLE	INSTALMENT	TEXT
COVER	NOVEL	THESAURUS
DICTIONARY	PAGES	THRILLER
FAIRY TALE	PLOT	TOME

When it comes to life the critical thing is whether you take things for granted or take them with gratitude.

G. K. Chesterton

```
A G N O L I M T U H D Y G
R U R H L M V E E D M O O
O S R A A B A B Y L O V E
I S U R I Z K I J V H A Z
D M H N I N G T T N A Y Y
N S P R S R B J A B N J M
A K C U E P D O N M A R A
I H B B L D R U W E X R I
T K E A K S A I O S Y J R
S C H R F I E N N R E O Y
I P E Y I M R Z I K P N M
R S M I O T S U R T L X D
H S A Y N E A O E C A E P
C P E K I Z E G H T C L S
K S E D I R B O E J A R W
```

ASHRAM	IMPULSE	PROUD
BABY LOVE	LATINA	RAINBOW'S END
BRIDE	MILONGA	
CHRISTIAN DIOR	MOHANA	SUN SPRINKLES
	MOYES	TIBET
HERITAGE	MYRIAM	TRUST
ICEBERG	PEACE	

Gardens and flowers have a way of bringing people together, drawing them from their homes.

Clare Ansberry

```
Q H T I K L I U F G I W H
C V E S A S X R H G A L J
B V I K X G S E R A N S H
A R L D I C O O A W T O H
Z U U A I N A T I T O M N
U T J T X D G I L U N E O
H W N D U I F L M F I R R
K E T A O S W B E V O V E
D Y L H R R C T A A A I B
Y Q A E C C U D L R R L O
L W B J N L N Q I Y O L I
P M Y S F A E E G R E E K
Z U T D R F L B S L M O L
N Z C I C Q Z T G O O Y G
A M M K E J B U A M R I R
```

ANTONIO	IAGO	ROMEO
ARIEL	JULIET	ROSEN-CRANTZ
BELCH	KING LEAR	SNARE
BRUTUS	MIRANDA	SOMERVILLE
FLUTE	OBERON	TITANIA
HELENA	PUCK	TYBALT

When a person doesn't have gratitude, something
is missing in his or her humanity.

Elie Wiesel

```
E L A G I N A L P E A E F
Y H C I R T S O A E P S R
R W E N P O J G M Z C I E
A I S S A T F U P F R O G
W H A L E S H A R K G T E
O R T A R D G I L E S R L
S T A R F I S H C C O O E
S H J E R I V K R L K T P
A H R A B M O O Q B F T H
C D F E I N C I A A R G A
A F V F W O W T O S O O N
E U V D D Y E O P E B U T
A L L I G A T O R R I O H
V U L T U R E Y E B L J J
S E C O A S Y J E E G A D
```

ALLIGATOR	EMU	PLANIGALE
BAT	FROG	SHREW
BROWN BEAR	GECKO	STARFISH
CASSOWARY	GIRAFFE	TORTOISE
CROCODILE	JERBOA	VULTURE
ELEPHANT	OSTRICH	WHALE SHARK

If having a soul means being able to feel love and loyalty and gratitude, then animals are better off than a lot of humans.

James Herriot

Things That Flow

```
D A V E R A V T B T I E S
F L L S P E D D Y F Q T H
C O R O Q O V S X E N V W
J O U B R W B I R E R M F
M P H Q L T W B R I G K N
A L C P A U E R P H A I R
E R E B V R U P J V F N E
R I C W A C L U P F Z H T
C H B I R E I F A E V F A
A W Z I F C M R G D C M W
S J A W E F A R Z C K A K
C K C T A P A Y E L G E U
A V P X U V N R I E E T S
D H M T Y R E M T K B S X
E G Y J K Q T S A C U Z Z
```

AIR CURRENT	JUICE	RIVER
BEER	LAVA	STEAM
CASCADE	MILK	TRAFFIC
CREAM	PARAFFIN	WATER
EDDY	PETROL	WAVES
GRAVY	RIPPLE	WHIRLPOOL

If you want to find happiness, find gratitude.

Steve Maraboli

The Old and the New

Think about people, places, and things, new and old, that have made your life better. List five of each new and old for which you're grateful.

Five new things I am grateful for:

1. _____

2. _____

3. _____

4. _____

5. _____

Five old things I am grateful for:

1. _____

2. _____

3. _____

4. _____

5. _____

```
S A U L E H K E D E C H E
B A E J R D C K A R Z G B
E S I O E E A N T E T O K
M D M G I H N U U E K G A
A Z A L L G R O N M C N X
N S B O L N G O I U D A N
E E L O E E M A S R E V A
T W F R T G A O V K V I I
U P M U T T T H I A R V T
I Y W B I N I I P E R M I
Z B A E R T S C R A I A T
V I R N G E S P E L R M C
Q N H S A Y E G K L U Y V
U G O F M C K A R E L C E
P G L A F K E L Y B N I J
```

BOTTICELLI	MAGRITTE	RENOIR
CARAVAGGIO	MANET	RUBENS
DEGAS	MATISSE	TITIAN
EYCK	MONET	TURNER
KAHLO	MUNCH	VAN GOGH
KLIMT	RAPHAEL	WARHOL

The essence of all beautiful art, all great art, is gratitude.

Friedrich Nietzsche

```
G Q L S G N I L K C U D S
N Y D N A C Y S S A G Z R
I W Z N N L N R O S E S A
G H O R S E S K E I L E E
N C H L T R U N Y L D S B
I Y T T B E Z E I E P Y
S D I C A R V B S S Y A D
S K U V D B H A I P L R D
E G C L K G E R A Z L E E
K R I F I S P L D D E N T
A H M E E R M D B J J T Y
C M L G U U K F A B R S R
J S U S S A A Z N K U T M
T S E I L F R E T T U B X
I A C W L E M O N A D E B
```

BUBBLE BATH	HORSES	ROSES
BUTTERFLIES	JELLY	SEASIDE
CAKES	KITTENS	SINGING
CANDY	LEMONADE	SLEIGH BELLS
CHILDREN	MUSIC	SURPRISES
DUCKLINGS	PARENTS	TEDDY BEARS

If you are really thankful, what do you do? You share.

W. Clement Stone

B Z H F F N K L D T K P S
W J H Y E B R V A S E F B
C T P Q U L A L S K L W D
F E D N R B B W K D L L E
T M C G B T I M A C O O Q
K H A I O X N E I J G D V
E I Q R L H J F K R G I G
T H S U N U Y S B S T Z Y
O W E S N M R R X X W T E
B H R G I A A E F Y U M C
O E E S M N O F H T U X G
A B P M D D G U U H Q E O
I P A T Y E L E B J B C H
X H M M L L T K R E I L X
G P D N A A R N I G E B L

BEGIN	HUME	RABIN
BRANDT	KELLOGG	ROTBLAT
BUNCHE	KISSINGER	TRIMBLE
CECIL	MANDELA	TUTU
DAE-JUNG	OBAMA	XIAOBO
HAMMARS- KJOLD	PERES	YUNUS

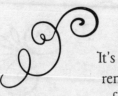

It's so hard to forget pain, but it's even harder to
remember sweetness. We have no scar to show
for happiness. We learn so little from peace.

Chuck Palahniuk

```
S M J E V N O S N R T N D
U I U E E X A R E G W Y Y
R S V D L Z C I V S V F U
U I E W N B S I C I O S H
C L N E C U T W L U U M B
I L A G T R P A B N L Y I
P A L I U N D E I N I A S
E G C V A N O M Q U V M W
N A I W Z X E H O M E R B
T U L O N G U S P H T Q A
S P V I R G I L N O S L S
L I D I P H I L U S N Y W
D Y A I U J O W D W F E Y
P S E D I P I R U E Q S X
N D X J E Q S A P P H O D
```

AGALLIS	HOMER	OVID
DEINIAS	JUVENAL	SAPPHO
DIPHILUS	LIVY	TACITUS
EPICURUS	LONGUS	VIRGIL
EURIPIDES	LUCIAN	VITRUVIUS
GEMINUS	MOSES	XENOPHON

He is a wise man who does not grieve for the things
which he has not, but rejoices for those which he has.

Epictetus

```
B A K R G N I V I D Q I O
G R P Q A C X P N G N D C
B N A H G F W L L E U C X
A E I S R V F R T J O D U
S O B T S G N I G G O J T
K G N A P R R G A W Y W H
E N R M F L U T W W F F G
T I I P Q K U B O M O I N
R L M S S E H C B F M R I
Y C I S U M S L S I G M K
F Y N Y R C K H Z T N K A
J C O D A P I F D Z I G M
O G R E A D I N G C W Q G
A G N I E O N A C Y E V U
T L R O R I G A M I S M R
```

BASKETRY	JOGGING	RUG MAKING
BRASS RUBBING	JUDO	SCULPTING
CANOEING	MUSIC	SEWING
CHESS	ORIGAMI	SKIING
CYCLING	RAFFIA WORK	STAMPS
DIVING	READING	YOGA

Things turn out best for people who make
the best of the way things turn out.

John Wooden

```
Y Y F N B P A C K C A L B
O R I H R E D W A O E M B
Y A N V E Y S H J H H G T
R N C S P A R R O W R E H
A A H B I U T X W Y R P B
G C V X P V F J L G S X L
I D U E D W S F E F J D S
R R G N N O I L I A X K Z
E M O H A U G P U N K I I
G N A W S A I E G J V I E
D C B E E E A T E R X S Q
U O G I S P Y R M J O L T
B X V S V O N E M O X Y Y
J M T E L G N L G R E B E
G N I T N U B E L T T I L
```

BEE-EATER	EGRET	PUFFIN
BLACKCAP	FINCH	RAVEN
BUDGERIGAR	GOOSE	RHEA
CANARY	GREBE	SANDPIPER
DOVE	LITTLE BUNTING	SPARROW
EAGLE		SWAN
	PETREL	

Forget yesterday—it has already forgotten you. Don't sweat tomorrow—you haven't even met. Instead, open your eyes and your heart to a truly precious gift—today.

Steve Maraboli

```
C K R E I M E H S O V H S
Q I L O R E N B M W R S R
T L Q P Y J Y M Y R V K E
E R E G N I G A Y L J E V
S O H P V N Z M R X E E I
N S T C E X J P I R C R T
E E A O D O M A T Q O H E
C W E Z M I N A S O Y W V
N O G G M A E Y C M W Z K
I O M O N T G L E B I E I
K D S C X A O R P Z N N M
N A R N U V R M E I U R E
A R O E E E Z O P B L K L
R D G B L G Y Z Q I Z K E
F C G U M A I S E E R F K
```

BERGAMOT	JASMINE	PINE
CLOVE	MIMOSA	ROSEWOOD
ELEMI	MYRRH	TEA TREE
FRANKIN-CENSE	NEROLI	THYME
	ORANGE	VETIVER
FREESIA	PEONY	YARROW
GINGER		

In wisdom gathered over time I have found that
every experience is a form of exploration.

Ansel Adams

```
L Z W R U U W B C C Y T U
Y K K M M A R E S H E A A
X Y A R A E W O H D R O L
P U Q P J Y N S D Y N R A
G S D S V V B H M P A D P
B H D L O I B L O N S N J
I U N O T H A I U M S D K
K C G N A P N A W I A T A
I T A M I T I R I K U G V
N A D O K L R T O F I J I
I N A U R U A D C D K A N
O N Y A Y H I H Q A N J U
E F R Y Z A X J K A I V N
J X K X K G M T L A R R P
Z D N A L W O H B J S Z N
```

BIKINI	KYUSHU	PALAU
FIJI	LANAI	PALMYRA
GUAM	LORD HOWE	PITCAIRN
HOWLAND	NASSAU	SAKHALIN
KIRITIMATI	NAURU	SERAM
KODIAK	NUNIVAK	TAIWAN

I am happy because I'm grateful. I choose to be grateful. That gratitude allows me to be happy.

Will Arnett

```
F I N G S L A C O L C N N
S A J O J N P J C T I O U
L N A L C U Q H S K S X Q
E X R M B C I Z D F L D W
Y B F L I L U N V W A B S
T J I O D R A P M J N J L
I C R R L H Q S A D O T A
N L E Z T K R L W N I C U
U N E I I E S E S W T F D
M B K I H N L I O Q A S I
M O R T A L S N C M N F V
O X O M E T E Q I D Q V I
C R U R E T H L E Q H Z D
B H S R E D Y T T Z G J N
H Y S Z M T N K Y Z O B I
```

BROTHERS	FOLKS	NATIONALS
CHILDREN	HUMANS	OCCUPANTS
CLAN	INDIVIDUALS	PUBLIC
COMMUNITY	KITH AND KIN	SISTERS
DWELLERS	LOCALS	SOCIETY
FAMILY	MORTALS	TRIBE

Don't forget, a person's greatest emotional
need is to feel appreciated.

H. Jackson Brown Jr.

```
I P H K W S D H J F E J Z
H C H R S O T N Y A X B X
P H E T A X S C G X E F S
M X W R Y L F L E S M A D
Y E H E V N A J Y S E S A
N X L N C R Q P R G N K O
P B O I O G D V P O I I T
E O O L P I P R Q E A M C
A V O E B P T W S X T M W
E A U L S R O C K S N E C
L C A P D A I R E P U R Y
A U M J E C T A A L O P U
U U H Y E B K O I H F P P
P M S C W S E N E E L E S
V W K L E V A R G F Y R R
```

ALGAE	KOI	REFLECTION
CARP	LINER	ROCKS
DAMSELFLY	NEWTS	SKIMMER
FOUNTAIN	NYMPH	TOADS
GRAVEL	POOL	VACUUM
INSECTS	PUMP	WEEDS

Gratitude is medicine for a heart devastated by tragedy.
If you can only be thankful for the blue sky, then do so.

Richelle E. Goodrich

```
O N A R P O S T B N X H Q
S D A I R S B L Z C J C U
U A O S L A V R E T N I V
R S N C G R A N C A S A E
O O L O C C I P X R D R S
H V Y R I J P Y S G J E T
C B F E S S P D N E C B R
F D A J Y E S I O T O M I
H O I T M F N U I O Y A N
B Z W I T U N O C X C H G
R C N D T E N C T R P C S
A E K I D S R J D I E S C
S L E O S I N Y L A R P H
S L I T H O P H O N E A N
B O I P O F R F S D F S B
```

BARITONE	GRAN CASA	ROSIN
BATTERY	INTERVAL	SCORE
BRASS	LEADER	SECTIONS
CELLO	LITHOPHONE	SOPRANO
CHAMBER	PERCUSSION	STRINGS
CHORUS	PICCOLO	TUNING

Learn to be thankful for what you already
have, while you pursue all that you want.

Jim Rohn

```
R E M I E H N E P P O G Y
C N T R E P A R D J M V S
Y D T T D V E A L I E E S
N A A A X E V T U A S S F
X E W F S E A O S J K O W
L A S S R L V S L H B X N
A M A N S E I T K R P C E
C K W E A D N H F Q O Q S
S B T I R N E V R A C D
A O U S O E I N I C O W N
P H P N C M A E O S D P U
P R Z L G O E S H B I S M
X K C N A L P C Y W E S A
H L R S S T A P N C J L T
B E H K W M O S O Q J T H
```

AMUNDSEN	ISIS	ORLOV
BOHR	MACH	PASCAL
CARVER	MENDELEEV	PLANCK
DRAPER	NANSEN	PLATO
EDISON	NOBEL	TESLA
ERATOS- THENES	OPPEN- HEIMER	WATT

Thanksgiving Day comes, by statute, once a
year; to the honest person it comes as frequently
as the heart of gratitude will allow.

Edward Sandford Martin

```
P G U J O A W W K M V W D
O R S F A I I M D Q A M A
N E W B L M R N V I R F A
T A Q E E Q E A A K R Q M
C T N F R P Q H T W I H U
H S E K R U J Q I N K V O
A L L Z E Q A N H A O W U
R A J I S R D G U R Z L A
T V R J E E R G E T R H K
R E F S R B A E H N O E G
A D S M Y N A N T H O V U
I A E U A C E A O A H O C
N R H M E Q O C F L R H S
E J L V G J X M N N A C M
Y L A B I R A K O D D Y B
```

CHAD	IHEMA	OHRID
COHOHA	KARIBA	ONEGA
COMO	KIVU	ONTARIO
CRATER	KWANIA	PONT-CHARTRAIN
ERIE	MANAGUA	
GREAT SLAVE	NASSER	RWERU
		WINDERMERE

Be grateful for what you have and stop
complaining—it bores everybody else, does you
no good, and doesn't solve any problems.

Zig Ziglar

```
D I O R B S R E P P I L S
N E R N H R K E R A N E I
A P B N E P U C A E T Y C
C M F W C K C E J P A E W
E Z O L D R A M E W R Z E
N H R G A H O W N E F O S
S P A M F N O I A I B O I
H E U S L R N L S L R N R
M S D T C G O E Q S E S N
L O T K E R U T L E A W U
V C C R O G A G G U K N S
C O F F E E A T L M F E T
C E N C R T M A C Z A H B
E I S D U T C T Z H S O E
G N I H S A W H O F T F R
```

AWAKEN	FLANNEL	SNOOZE
BREAKFAST	GETUP	STRETCH
CEREAL	MUESLI	SUNRISE
COCK-CROW	SCRATCH	TEACUP
COFFEE	SHOWER	WASHING
CROISSANT	SLIPPERS	YAWNING

I awoke this morning with devout thanksgiving
for my friends, the old and the new.

Ralph Waldo Emerson

A E S N R E T S E W T E A
G G B B S S Z E T H K L Y
R Q H A I Y E S V T D N S
H M G C M H J C C A Q F B
C U C N P A M F H I J T J
K K P A S D C N C U R O K
E A R Y O W A A K M R H M
U R V B N Y P M T X Z A S
D A L I T T L E S A N D Y
S K D L R P B G C G M V R
A U S T R A L I A N T N I
H Y X L G U M A M I E W A
A A S O N O R A N A Y G N
R U B A L K H A L I N D D
A I D E B J H O E T N O M

AL-DAHNA	LIBYAN	SAHARA
ATACAMA	LITTLE SANDY	SECHURA
AUSTRALIAN	MOJAVE	SIMPSON
GOBI	MONTE	SONORAN
KARAKUM	NAMIB	SYRIAN
KAVIR	RUB AL KHALI	WESTERN

It is a sign of mediocrity when you
demonstrate gratitude with moderation.

Roberto Benigni

The People that Matter

There are many people who make our lives wonderful, whether family, friends or even a stranger on the street who somehow made our day. Think about five people you're grateful for, and why.

Five people that I am grateful for:

1. _____

_____

2. _____

_____

3. _____

_____

4. _____

_____

5. _____

_____

Dances

```
W A O D A A P W C S D U G
Y A D L P K T D H H I I Y
O H L A P I L E E O J W P
T P X Z B X V O L K N P E
A T J L M M Q R P E Q P P
T W I S T T A E X Y V O D
O O L J D C D L O C B M O
P S G J E H D O M O B Q B
D T E N K I N B A K R L M
E E J W A B P K P E D G A
H P O P H D R J E Y I A M
S S Y I S U N L I F S Z R
A J A G Z T L A W V J W U
M A C A R E N A F R E X X
X D M N I K C B W V Q G G
```

BOLERO

BOP

FANDANGO

HOKEY-
  COKEY

JIG

JIVE

LAMBADA

MACARENA

MAMBO

MASHED
  POTATO

MAZURKA

POLKA

REEL

SHAKE

TWIST

TWO-STEP

VELETA

WALTZ

*Hand in hand, on the edge of the sand, they
danced by the light of the moon.*

Edward Lear

```
Y F E N M E N L A D N U G
R U N C N E D A F O L C I
E H M L K M I P T Y E K V
M X I I S H X R L M R D M
O M A E O I O K E G R Q W
G R E P W N G N W R O B L
T O L K I E N A Y S I R R
N L K O H T I M S G N I K
O P H R J D H K U B S E A
M L R A G G H C E A W T D
E E R D Z B A C E B I N
K I I W P U L L M A N H E
T M A P I I R B U C H W S
M M T I B S E N X M C W K
I T L E N G L E D V E C L
```

AIKEN	KERR	NESBIT
BAUM	KING-SMITH	NORTON
BLACKMAN	L'ENGLE	PULLMAN
BLUME	LEWIS	SENDAK
DAHL	MILNE	TOLKIEN
GRIMM	MONT-GOMERY	WHITE

You have been my friend. That in
itself is a tremendous thing.

E.B. White

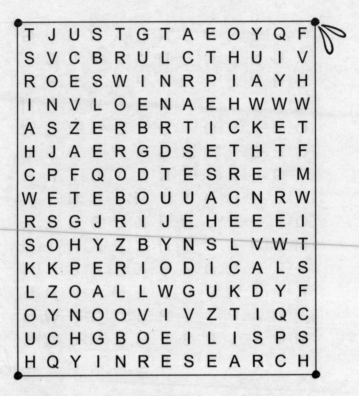

```
T  J  U  S  T  G  T  A  E  O  Y  Q  F
S  V  C  B  R  U  L  C  T  H  U  I  V
R  O  E  S  W  I  N  R  P  I  A  Y  H
I  N  V  L  O  E  N  A  E  H  W  W  W
A  S  Z  E  R  B  R  T  I  C  K  E  T
H  J  A  E  R  G  D  S  E  T  H  T  F
C  P  F  Q  O  D  T  E  S  R  E  I  M
W  E  T  E  B  O  U  U  A  C  N  R  W
R  S  G  J  R  I  J  E  H  E  E  E  I
S  O  H  Y  Z  B  Y  N  S  L  V  W  T
K  K  P  E  R  I  O  D  I  C  A  L  S
L  Z  O  A  L  L  W  G  U  K  D  Y  F
O  Y  N  O  O  V  I  V  Z  T  I  Q  C
U  C  H  G  B  O  E  I  L  I  S  P  S
H  Q  Y  I  N  R  E  S  E  A  R  C  H
```

BOOKS	HISTORY	RELIGION
BORROW	INTERNET	RESEARCH
BRANCH	OVERDUE	SHELVES
CHAIRS	PERIODICALS	STUDY
FINES	QUIET	TECHNOLOGY
GEOGRAPHY	REFERENCE	TICKET

My first memory of the public library is of
lugging home a volume of Norse myths as
heavy as a thunder-god's hammer.

Ðave Morris

```
X J M C H F W D M U W S X
H C E E B O C T K I S Y S
T H H C R U L A L Q E C T
U O L C E T T L V J V A B
W P A V B L O J Y A A M E
R O I D L W A X D H E O G
E I O N S I Q N O T L R A
E M O D E T B L D D L E I
D A A G P C O R R I K T L
N G B P N E O O L M N T O
P G A T L G C N L C U E F
P E D X L E R K E O R D E
F N G H C R I B E F T R T
S N E Y D V P D I R R X K
P V R U Y K A P L C O W L
```

BADGER	FOLIAGE	PINE CONE
BEECH	HOLLY	SYCAMORE
BIRCH	IVY	TOADSTOOL
CELANDINE	LEAVES	TRUNK
CROW	MAPLE	WILLOW
DEER	OWL	WOOD-PECKER

Not what we say about our blessings, but how we use them, is the true measure of thanksgiving.

W.T. Purkiser

```
H J Z P D B N V K K E R V
M A T H E M A T I C S M N
O B U H G U Q E D I E E D
N U M E J T U S S S E S D
I C D W L U Q T U A N B S
T M D G A W N S T A F F S
O R L B T M P I G R F W A
N D U A N B J G V R S I K
O Q V S N H Y B E O S Q B
P U I A H T A N R P A E F
U O T L N J S O N S L F N
N D R I E R S T O L C D O
I Y J B N L E E R E N U R
D N I I B G V S B N O S L
```

BELL	JUNIORS	OUTING
CLASS	KIDS	SPORT
DESK	LATIN	STAFF
ESSAY	MATHE-MATICS	SUSPENSION
GOVERNOR	MONITOR	TESTS
HISTORY	NOTES	TRUANT

The hardest arithmetic to master is that
which enables us to count our blessings.

Eric Hoffer

```
X Y U M Z I L I A N A S M
A N E W E H S A C R O R F
L A P L P S C T Z E A S P
F N L I D A K O U K H P E
W I Y C S Q Y W C N C U H
D S P M H T L A Y O A H F
Y E P J Q E A U W C N E O
R U O M T T S C X A T U P
E Y P E D S N T H S R D T
L T B A A T P A N I K A R
E E E O Z U H U C U O O C
C A L M O N D R Y E T P E
J E A R Y L T I E O P G T
P E C E N A H I C K O R Y
V A N R E W O L F N U S I
```

ALMOND	CHESTNUT	PEANUT
ANISE	COCONUT	PECAN
BETEL	CONKER	PISTACHIO
CARAWAY	DILL	POPPY
CASHEW	FLAX	SUNFLOWER
CELERY	HICKORY	WALNUT

Gratitude for the seemingly insignificant—a
seed—this plants the giant miracle.

Ann Voskamp

```
T A M S E N O J M O T S Y
A O M O R T S O N F R U M
D A I L E M A N X E F A S
A F A Z Z U I A D X N P B
M L P M O L C N E I B M E
B U Z M R R A D N M M I A
E W N E U L R E H Y E J U
D O M C F G R O B M I Y G
E E X L L A T L I V R K E
E B L V K E I S A V R C S
Z O C A Q R S N E U A U T
M I N G T M H I H R C L E
H N J D O O O N L F R T I
A E B L E C E L R A V O V
M A E V R B H R K T S X F
```

ADAM BEDE	CARRIE	MOLL FLANDERS
AMELIA	FORREST GUMP	NOSTROMO
ANNA KARENINA	IVANHOE	TOM JONES
BEAU GESTE	LUCKY JIM	TRILBY
BEN-HUR	MERLIN	UNCLE SILAS
BEOWULF	MISS MOLE	ZORRO

Life appears to me too short to be spent in nursing animosity or registering wrongs.

Charlotte Brontë

```
B Q Z L T I H Q J Z R B G
W U Y E C J K U T W T L D
R D T R I R J K P X I A E
P K C T O L A T D D R K B
S Z S T E P M N E A V A Q
W A S P T R C R E F K S R
T T I S H V F S X E E H C
K G S L L K M L W G M C F
T N Z D P N Q Q Y O A I T
Y A J E R L U O T O N R Z
C T L E G N A H Z E K T H
D R V M C D D N T L C S S
Y Y O S D R I B E G X O Z
W P S W L B G M A A R I C
D P L T Z E L T E E B I T
```

ANGEL	CROW	MOTH
BAT	EAGLE	OSTRICH
BEETLE	EROS	SAILPLANE
BIRDS	GLIDER	STORK
BUTTERFLY	GNAT	WASP
CRANE	MIDGE	WYVERN

Of all attitudes we can acquire, surely the
attitude of gratitude is the most important
and by far the most life-changing.

Zig Ziglar

Lovely Chocolate

```
Z K D R C S T C H B H Y E
J R I U D M K O D X T D W
Y A G C A K E O T H O N X
F D E A L I A K R C O A R
G E S X T G K I Y I M C A
N Q T W Z E A E X R S L G
I F I L H L A S G E Z S S
K U V Y C L F U I T W G P
N B E E E G A N Z H G K U
I U F X A T W P I E E A D
R L H H E O U T X V A S D
D J C E R G E O Q S P S I
E O Z B O E M I L K R E N
M D C R U K A K K A A S G
P S E S S I K F B U U O R
```

BARS	DIGESTIVE	MILK
BROWNIES	DRINKING	MOCHA
CAKE	ECLAIR	PUDDING
CANDY	EGGS	RICH
COOKIES	GATEAU	SMOOTH
DARK	KISSES	WHITE

Gratitude that spreads through your body when a burden
gets lifted, and the sense of homecoming that follows...
you suddenly remember what it feels like to be yourself.

Tom Perrotta

```
S A N D U T D I L M Q T F
J E R T U N E P J S Z J W
W S Z B A U F U S T I S D
Y R T W A H S T J L Q T X
C U C C P D E S G U Z O O
N C N L H R A J G C G O E
A N O Q C A U C I C D G Z
M G I E S K R E A O N E A
O P S N C Z F M O R J T M
R W U A L T W V W R B S A
C S L L E P S H T V M A L
E B L Z T R I C K E R Y O
N O I T A T N A C N I D C
G F S S E G G P L Y L Q K
G N I R A E P P A S I D S
```

ABRA-
  CADABRA

AMAZE

BLACK

CHARM

CURSE

DISAP-
  PEARING

ILLUSION

INCANTATION

LOCKS

NECRO-
  MANCY

OCCULT

SECRETS

SPELLS

STOOGE

TRICKERY

VOODOO

WAND

WHITE

Watch with glittering eyes the whole world
around you, because the greatest secrets are always
hidden in the most unlikely places. Those who
don't believe in magic will never find it.

Roald Ðahl

```
Y X R Y M D L A T I V O X
W E S K G E M L O U U E Y
C U U S Y V A T A L F P P
B I X X T L M C F R P Y K
S B T U S O T I U I W N M
U C P S B V D N Z P A I C
O I B I A N N A E M L M E
I T L M H I T M M V E B C
R E A H N W S K E M R L S
O G D G O S U U P S T E Y
B R K R I J U L H R Z R F
A E K Y K L O P W T P G U
L N M W P Y E X P S N C D
X E P P E S J G O L S E U
A R I D V W G O Y J E D E
```

AGILE

ALERT

AT WORK

BUSY

EMPLOYED

ENERGETIC

ENTHU-
SIASTIC

FERVENT

INVOLVED

LABORIOUS

MANIC

MOBILE

NIMBLE

RUNNING

SPRY

SUPPLE

VITAL

ZIPPY

The way to bring about change is
to be proactive and active.

Octavia Spencer

```
S H E L O H W Z G O P K R
N D U Q O D B P X E A B A
R I M T S W G E R H Y O T
N W N E O L D C L E G O Y
S O M T A I E A I T O C C
T I I R H N H G Q R A P V
T C X S T K L C U B E N F
T H A A S V T Z S D P S S
D S G R B E Z H E Y Y Q Z
I E J K T H R H I A E U O
G Z I P H B K P T R K A L
I K L G Z Z U S X X D R X
T U W W H E Q S F E I E V
S N D C Z T R Z S U M S U
C N M H K P H O J V I S A
```

CUBE	PERCENTAGE	SUMS
DIGIT	PLUS	TAN
EIGHTH	ROOT	THIRD
EXPRESSION	SIXTH	TIMES
MEAN	SQUARE	WHOLE
NINTH	SUBTRACT	ZERO

Pure mathematics is, in its way, the poetry of logical ideas.

Albert Einstein

```
N B E P X R Y S A V M A L
Y E L L E V A C O P P N C
A K T K M A A T H A I G E
O E A S E Q U U E R A E K
T B L B U S A B C T C L A
N E J A T A O H R U T O T
A E R T G U N O T S R U H
M Q D E D N T C A L B I U
E A U I S R I C F P A B E
L D C N A H A T S R I G K
O A Q H P G K E H K Y R A
C U R V A A P O I G F P H
L A T W P O R H V Z I N L
E F E S T N S K V A N N O
X A S S X S U F S J A L J
```

ANGELOU	CURIE	NIGHTINGALE
AUSTEN	EARHART	PARKS
BAKER	FRY	SACAGAWEA
BOUDICA	HURSTON	SHIKIBU
CAVELL	KAHLO	STOPES
COLEMAN	MAATHAI	TERESHKOVA

Let gratitude be the pillow upon which you kneel to say your nightly prayer. And let faith be the bridge you build to overcome evil and welcome good.

Maya Angelou

```
C E E E E L B M L A M X U
C A D S G A K I N K A K U
O C L K U A U V T J A R E
L N A H R O T L S Q U T E
O N A S A E H I R I E T M
S U O Z A M M L M S Q H A
S V J R V M B L L R I E D
E G E U I A I R I I E S E
U C K V L T T L A N H H R
M V G V C L A H A M J A T
D O G E S P A L A C E R O
L A S C A L A K F C R D N
D B U R J K H A L I F A V
P K Z J I R E W O T N C E
C J Y T V W Y V Z R C T R
```

ALHAMBRA

BAUHAUS

BURJ KHALIFA

CASA MILA

CN TOWER

COLOSSEUM

DOGE'S PALACE

FLATIRON

HERMITAGE

HILL HOUSE

KINKAKU

KREMLIN

LA SCALA

NOTRE DAME

TAJ MAHAL

THE SHARD

TIKAL

UXMAL

In ordinary life, we hardly realize that we receive a great deal more than we give, and that it is only with gratitude that life becomes rich.

Dietrich Bonhoeffer

Singer-songwriters

```
N I L S S O N P E P L E M
L U N F J R T E C B R I Y
I E N Q E O G A U F T A W
E T O D M G H C Y C S B S
R T N J L P K N H L H E I
M O X Z O L L E T S O C M
W J C V E K L N C F N R O
R G N Y H L B E A O T P N
D U E E J M I P T E H V H
E T O O W C K R I P L E A
N H S A C M A Y E K C C N
V R T V E P A A R Q W J M
E I B P Y W G N Y R Q B W
R E Q U K U U R S R E E D
H A Y D F U S E E B A B W
```

BERRY	GUTHRIE	NILSSON
BUCKLEY	JOEL	PARTON
CASH	JOHN	REED
COHEN	MCLEAN	SIMON
COSTELLO	MITCHELL	TAYLOR
DENVER	NEWMAN	WONDER

Life is a game and true love is a trophy.

Rufus Wainwright

GRATITUDE EXERCISE NINE

Good Morning, Good Night

Think of things that make you glad when you wake up: the sun streaming in through a blind, a bird singing in the trees, or a morning cup of coffee. Also think of things that make you glad as the day wraps up: clean bed sheets, a completed to-do list, or a day well spent. List five of each below.

Five things that make a good morning:

1. _____

2. _____

3. _____

4. _____

5. _____

Five things that make a good night:

1. _____

2. _____

3. _____

4. _____

5. _____

```
H I Z B S L C U W S F L L
L B T B J B Y B M S E E O
O R I G Y F A I B T B C O
E S B A M D D F E D O I C
J R B E G I D R O N T L Q
X A A E E S G O I U I A Z
X K R H N U L R N R G X Q
N C R Q H A O S P A G U M
G I E O B C M Z G K E P V
B L R N W U R N S R R H Y
A F B R A S A A I A U O C
B N E W D K M Z M T L E Q
A U F C H X T A E X C N S
R H N U M I H V U G D I E
Y H T O R O D G Y G O X A
```

ALICE	FLICKA	ORINOCO
BABAR	GRETEL	PHOENIX
BADGER	HEIDI	SMAUG
BALOO	KANGA	TARKA
BRER RABBIT	MARCH HARE	TIGGER
DOROTHY	NODDY	TIN MAN

I'm so glad I live in a world where there are Octobers.

L.M. Montgomery

```
R B O E Z V C L H B H P W
U M L I E E K O W C H M X
B C H S H A S Q C E R T W
B A V P J C S E C O Z I H
E C L R M P A D Q S N E B
R A T U N R E T T U B U T
F O U C H M B C S A O B T
I B Z E C H A W O I E I C
G W A J V Y K P A G P Z A
W O L B A A P D L L J Q O
G L Q B O V R R G E N O D
P L A V W A H C E E B U G
U I X E G W B G E S B S T
T W N O F M H J L E S J S
Y U N E Y S Z A M L T A C
```

BAOBAB	CYPRESS	PISTACHIO
BEECH	DRAGON	RUBBER FIG
BIRCH	ELM	SEQUOIA
BUTTERNUT	MAPLE	SPRUCE
CACAO	OAK	WALNUT
COCONUT	PINE	WILLOW

You are a child of the universe, no less than the trees and the stars; you have a right to be here.

Max Ehrmann

D	F	B	X	D	W	G	Y	Q	X	G	U	F
E	Q	X	R	P	H	H	E	K	D	E	D	L
A	L	I	U	O	X	H	F	N	V	E	A	N
E	E	F	S	S	L	J	E	I	T	R	S	L
W	L	T	I	N	U	T	T	N	U	Y	U	A
X	L	A	M	N	E	A	E	T	L	L	O	C
Y	Y	F	E	R	E	V	A	D	K	A	L	I
S	S	O	P	R	N	N	R	T	C	L	U	H
F	A	S	C	I	N	A	T	I	N	G	C	T
C	I	G	G	U	Z	U	T	E	Z	T	A	Y
I	E	V	A	I	J	N	O	L	I	U	R	M
A	K	I	W	N	A	Z	A	R	K	Y	I	B
T	J	Y	R	M	Q	E	D	R	E	A	M	Y
P	R	L	O	E	D	L	E	C	O	T	V	P
P	U	R	E	I	E	H	Q	Q	Q	O	Q	Y

CREATIVE	FEY	PRETEND
DREAMY	GHOSTLY	ROMANTIC
EERIE	IDEAL	UNNATURAL
ELDRITCH	INVENTED	UNREAL
ELFIN	MIRACULOUS	WEIRD
FASCINATING	MYTHICAL	WIZARDLY

She had never imagined she had the power to
make someone else so happy. And not a magical
power, either—a purely human one.

Cassandra Clare

```
X O X H N P Y I Z X D U E
S R U E B A Y I O T U H Y
E U W N O T G N I D D A W
E O S A C R A M E N T O C
N D G T R R P J E H S H D
E M S T N A E L U M E Q W
R X E A K L S A U R A L S
Y T G N M O V T S M A A B
P Q S T N T H K M E S R P
S E O A J S Y Y V G U G S
M V V L P A K E K C R N Y
X Y O U D H R T E Q U A M
Z W E S T E R N G H A T S
W D E U T Y S K A E T X S
M R H T V T E O O L L I L
```

BRUCE	LILLOOET	TAURUS
CHERSKY	NELSON	TOIYABE
CREASE	PYRENEES	URALS
DOURO	SACRA-MENTO	VOSGES
EVERETT		WADDINGTON
JURA	TANGRA	WESTERN GHATS
	TANTALUS	

Be thankful for every mountain, because it is the
mountaintop that will give you best view of the world.

Gift Gugu Mona

```
A K Q H D K O D M P S N E
I I N C S C Z T S Q O X S
L M L O J I N A U O E Q U
I E N D I A R H S T R S O
H N G K N S G E A N T E P
P I Y T B N S M H N L L S
B T J L J N L A E C P O G
U N J H I U T R P A M V N
S E N R O M A N C E T E I
T L A S Z P A M U T U A L
O A G G B Q Z F J T C A B
R V P L A T O N I C V M I
G O H A P P I N E S S O S
E K S N R F E R A D L U B
R F D G Z P S T A L A R T
```

AGAPE	LOVE	ROMANCE
AMOUR	MUTUAL	SIBLING
CHERISH	PARENTS	SOULMATE
EROS	PASSION	SPOUSE
FAMILY	PHILIA	STORGE
HAPPINESS	PLATONIC	VALENTINE

Love doesn't just sit there, like a stone, it has to be made, like bread; remade all the time, made new.

Ursula K. Le Guin

```
R U M O D E E R F M E E N
S E S S E N C E L T C C P
G L S T T Z J A E W A A H
N E D P J N C W R B E P N
I A A H E E O K A X P S N
L R D Z M C K I C U B G O
E N U I O K T D S L J G I
E I N S I G H T Q I H L T
F N O E I M A G N E V U C
E G T Y R R O A E W L O E
Z F N B S E Z D V E S S N
D R A G E R F Y S U O E N
X M U G H U G I C I E L O
K L O M L C K O G I W G C
S Y T I N I F N I O G C T
```

CALM	FREEDOM	REGARD
CARE	HEEDFUL	RESPECT
CONNECTION	INFINITY	SOUL
ESSENCE	INSIGHT	SPACE
FEELINGS	LEARNING	VISION
FOCUS	PEACE	WISDOM

As we express our gratitude, we must never forget that the highest appreciation is not to utter words but to live by them.

John F. Kennedy

```
C P U G N I G N I R P S G
D N G A D V A N C I N G N
L G N I T W F Y O Y P N I
D X I N Z M G E N I R I N
E N S I C G G N U P L M O
X F S N F L N R I C F O E
T J A G W C I I I G Z O G
E H M H E R D M R S L B R
N S R E W K D K B U I U U
D G N I G R U S R I T N B
I I V G V E B V Y I N A G
N P Q H W I D E N I N G M
G F M T U G N I L L E W S
G N I X A W J G C Z C J I
V E G N I T A N I M R E G
```

ADVANCING

BOOMING

BUDDING

BULGING

BURGEONING

CLIMBING

EXTENDING

GAINING HEIGHT

GERMINATING

MASSING

MATURING

RISING

SPRINGING UP

SURGING

SWELLING

THRIVING

WAXING

WIDENING

Gratitude can transform common days into thanksgivings, turn routine jobs into joy, and change ordinary opportunities into blessings.

William Arthur Ward

T Y U O Y U Z X C M F C G
S T S U S E J B Y P K Y L
M E S L K K O C A A S I N
Y Z N S H J O R B N L H A
E E T N L C A V Z U T P H
X K X N A G A D T I Q E T
W I X S A C J R X V R S A
A E X H U D H E D Q G O N
E L F R I M R E Z A X J O
S Z I V C S E B R E H A J
O A A X H Q A D Y I B S Y
H D A Y F L U I O Y B E W
G A B R I E L J A C O B L
G Z K W O I P K F H I L O
K L I J K N F H U E E N H

AARON	ISAIAH	NICODEMUS
DAVID	JACOB	SENNA-CHERIB
EZEKIEL	JESUS	
GABRIEL	JEZEBEL	SHADRACH
HAGAR	JOB	URIAH
HOSEA	JONATHAN	
ISAAC	JOSEPH	

For it is in giving that we receive.

Saint Francis of Assisi

```
P L I A N S A L U B E N S
P E A L J A H S N Y E U W
Y Y T R E S E D Y D N A S
E G R Y Q D A Z R D R F R
L L A A I I R R L Y I J E
L X C V M J T I E D F O D
A L I N H I E O F K M B S
V D U A U Y D B S R L G P
T M X M P J Y P U J U A O
F A L L S S E S L J S I T
I E T Z A N C O X A X W U
R T C N A K W O U N I U E
Z K O D U V E E T J A N A
J K A V T A G S O T H X S
L I T K L O O R A G N A K
```

AUNT	HEARTED	RED SPOT
BEAR	KANGAROO	RIFT VALLEY
COAT	LAKES	SANDY DESERT
DANE	NEBULA	SCOTT
DIVIDE	PLAINS	TALKER
FALLS	PYRAMID	UNCLE

Amnesty is as good for those who give it as
for those who receive it. It has the admirable
quality of bestowing mercy on both sides.

Victor Hugo

```
D F R O L L E H T O G K V
T N M Y I V X O F Q E I Q
J H H V D O K H L D U N H
S A G T D E K R A B A G G
J T L I E J G V Q I S L E
O H H O N B T A E T M E B
C A A R M H C T R N A A O
O W M E A J T A I T I R L
M A L P R Q T F M E L C G
E Y E S K F G T L E L G E
D D T O O C T E A E I M H
Y V E R O N A N P Z W M T
G W D P S U O N S W D T L
B B U J J A C O B E A N W
D N A L T O C S J C T Q J
```

COMEDY	MACBETH	THE GLOBE
DENMARK	OTHELLO	TRAGEDY
HAMLET	PROSPERO	TWELFTH NIGHT
HATHAWAY	SCOTLAND	VENICE
JACOBEAN	SONNET	VERONA
KING LEAR	STRATFORD	WILLIAM

They do not love, that do not show their love.

William Shakespeare

Writing

```
N E P N I A T N U O F G R
A G L E R N H U V A I N I
Z D V K N I V S T M Z I S
P E D N L C O O R M S D R
O D H R B M I F I O G A A
S I N C E R E L Y C R E E
T S S M I S N E I K E R D
O T K K A D S I Q G E A T
F A I T H F U L L Y T M I
F N N I R L M F S S I M F
I C F H E I W P C T N A X
C E V Q N T E X T A G R Y
E T O U E F H O H M S G I
N C T H P X H I N P R W R
O E Y L O H K L H S W E Y
```

ADDRESS	GRAMMAR	PENCIL
COMMA	GREETINGS	POST OFFICE
DEAR SIR	INVOICE	READING
DISTANCE	MEMOS	SINCERELY
FAITHFULLY	MINUTE	STAMPS
FOUNTAIN PEN	OPENER	TEXT

Thankfulness creates gratitude which generates contentment that causes peace.

Todd Stocker

```
J E T I D U R E G U L B Y
S U G C N E W E U S L S L
U R D W Z I N O V A G U Y
O W L I S H T R N E F X V
I X N D C N Y O A D L T K
C I O Z E I I N N E U C D
A M Y D G T O I Q E L J T
C B U E A N M U S K X N U
I R I R I X G N S A E P T
P I A D O K N O W I N G O
S G S N P R A S P Y W C R
R H T D L W L A M O Q F E
E T U Q A G S S M A R E D
P A T R I A Q S Y U R L F
X Y E D M D L Y P B F T K
```

ASTUTE	KNOWING	RATIONAL
AWARE	LEARNED	SAPIENT
BRIGHT	MINDFUL	SASSY
CLEVER	OWLISH	SMART
ERUDITE	PERSPICA-CIOUS	TUTORED
JUDICIOUS		WISDOM
	PRUDENT	

Always be thankful for what you have, because
you never know when it might be gone.

Micalea Smeltzer

```
N R A W W H R E T O R A A
R E S E E R T Y K E N W O
X T S H O R T M S E A I T
J N G R E E N P R K A O H
L I G H T M R E E A J N U
W W Q B O O M N L B W G Y
I Z O O U M I Z R G Y T A
M H L T U N C L O C K L A
O B E S G G I L T R L G T
S D M S P R I N G A W U J
S Y G Y L J A W F Q S I Y
O L A O R M J W J L C J C
L E N H R N O S T O R M S
B G A O K N N I L Z O R H
M E D C S K U D A W L E S
```

AWAKENING	GREEN	SPROUT
BLOOM	LIGHT	STORMS
BLOSSOM	LONG	SUMMER
CLOCK	SHORT	TREES
COLD	SNOWFALL	WARMTH
DORMANT	SPRING	WINTER

If we had no winter, the spring would not be
so pleasant: if we did not sometimes taste of
adversity, prosperity would not be so welcome.

Anne Bradstreet

```
M W P E L M V T Z M A P E
N C R R C A X N K C L X A
E M A I J A O T K A D L E
T T Y U T S L N E I E N G
S T K Q Z E O L N X L P E
I S E N M W T O U I T O S
L M T I L M T T M P V U T
K B P E W I R B M Y S Q U
S G D A F T A V O S S A R
R G R Y R T G I C Z D U E
E V H H E T K E S D D T H
T K L A T T W U R E Z E Z
T I N N M L A E Z J U E P
U Q J C P E S R C W L W X
V D Q U E S T I O N R T A
```

ACKNOW-LEDGE

ADDRESS

CALL UP

COMMUNE

GESTURE

IMPART

INQUIRE

LIAISE

LISTEN

NOTIFY

ORATE

QUESTION

SPEAK

TALK

TEXT

TWEET

UTTER

WRITE

The unthankful heart discovers no mercies;
but the thankful heart will find, in every
hour, some heavenly blessings.

Henry Ward Beecher

```
S R E Y M B X E R E S A N
W E R D A R B I E D X T I
H I Q L A S E F Y H R C E
D A L M A M E O Y A W G L
H M P L L E R E W K A H S
S A U E I K E E M L I C E
E E R R A A T H I C D Z N
I T L T R S M F K D F A Y
N K K L M A I S A B B C F
F S G B E A Y K S C R Y A
E E Y Y N R N E X Y O R P
L Y P A S F S A S G O N O
D N K O R U W T K S K J Y
A I E D H D A O V H S E F
S B S B F L U N V Z F N P
```

AKROYD	HARTMAN	MYERS
BALL	HICKS	NIELSEN
BROOKS	HOPE	SEINFELD
CRYSTAL	KEATON	SELLERS
FEY	MARX	STEWART
GALIFIANAKIS	MURRAY	WILLIAMS

I cannot... tell you how to be rich. But I can tell you how to feel rich... Be grateful... It's the only totally reliable get-rich-quick scheme.

Ben Stein

Fanfare

Think of the cultural things that make you happy. Whether a video game or a piece of classical art, a song, a video game, or a work of literature—they can all shape who we are. Think of ten elements of culture, big or small, that mean something to you.

Ten cultural things I am grateful for:

1. _____

2. _____

3. _____

4. _____

5. _____

6. _____

7. _____

8. _____

9. _____

10. _____

```
D P H F Y Y N V K Z U V H
C E U Q S E R A C I P L Q
O F A L Z Q J J M R Q L P
M P G R S V I T O O I A Q
E Y A U E N U S N R R M B
D E S R E V E S P Q E P E
Y S I S E H T R V M Y O K
U P O E T R Y U D H C O F
Q G Q E A N R J P L E N N
D Y C V T I H A S X I N D
V F E S Y U R Q Q L Y H B
F L G R P G I F G E A P C
A P O L O G U E P V S U V
N T U I Q J C I K O S L X
G H B K E L C G Q N E P V
```

APOLOGUE	ESSAY	PULP
BIOGRAPHY	LAMPOON	ROMAN
CHILDREN'S	NOVEL	SAGA
COMEDY	PICARESQUE	THESIS
CRIME	POETRY	TRAVEL
EPIC	PROSE	VERSE

So many things are possible just as long as
you don't know they're impossible.

Norton Juster

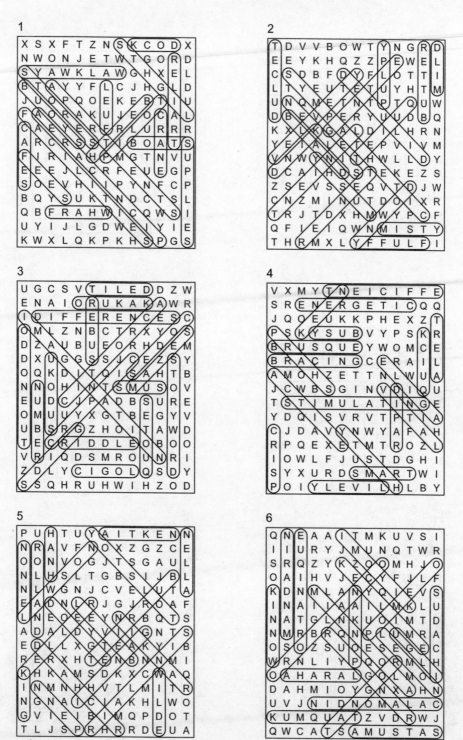

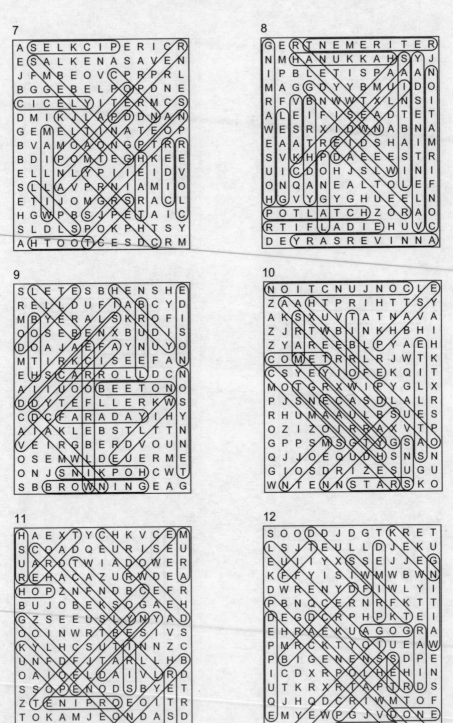

13

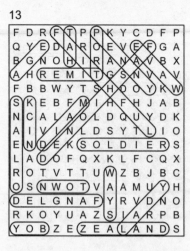

14

15

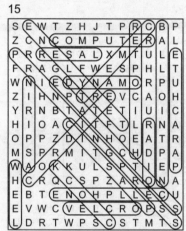

16

17

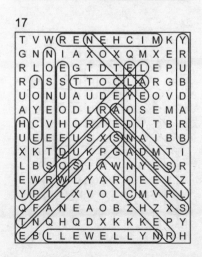

18

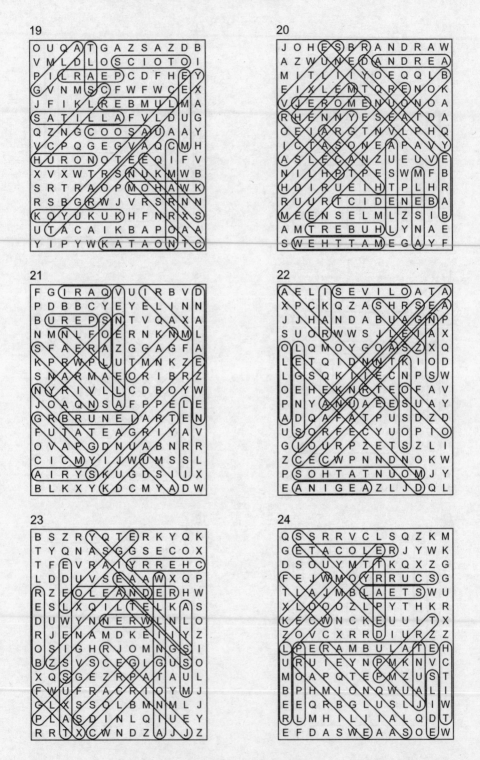

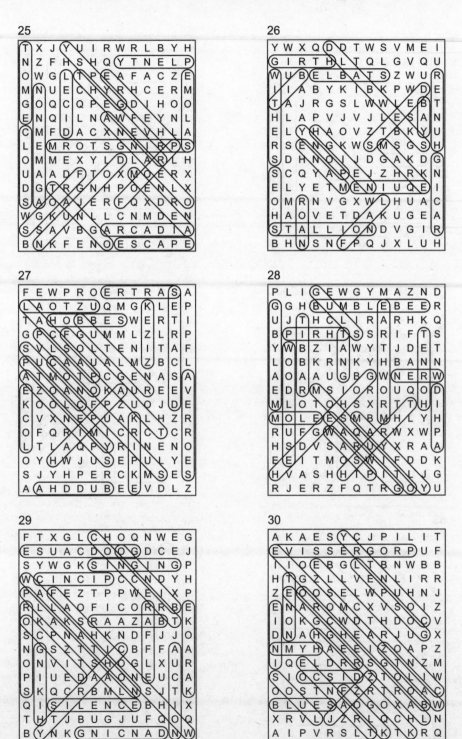

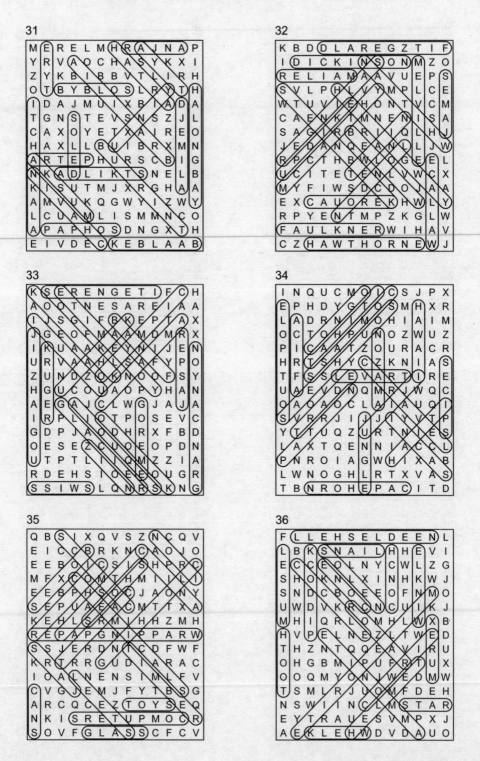

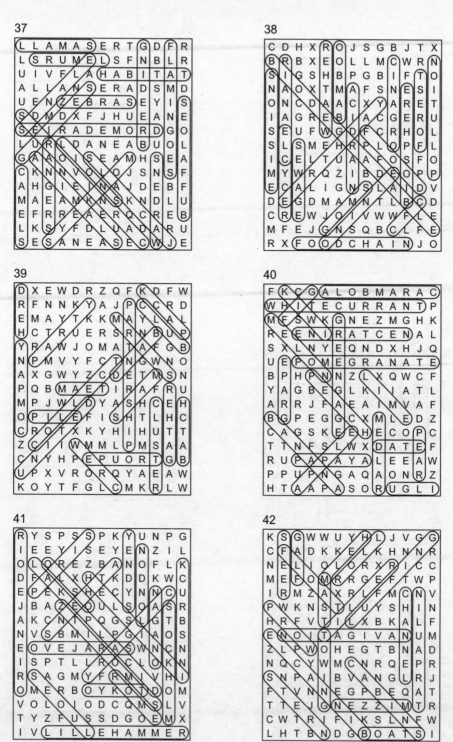

Solutions

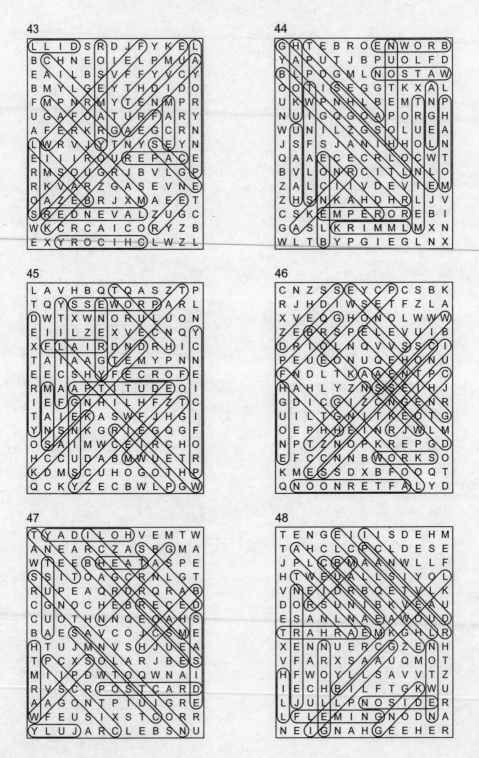

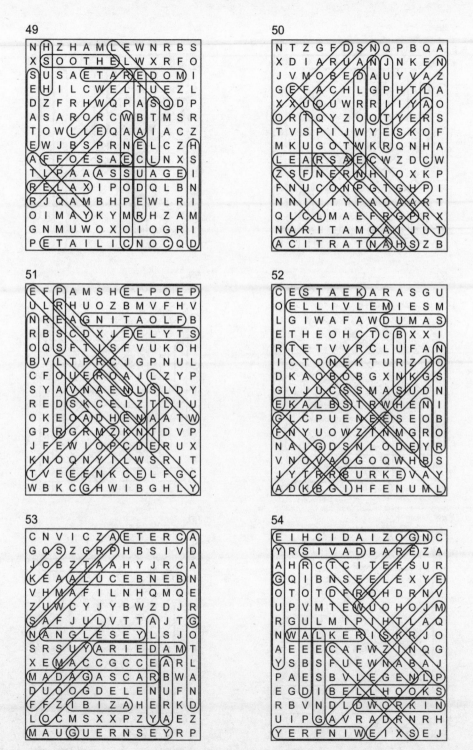

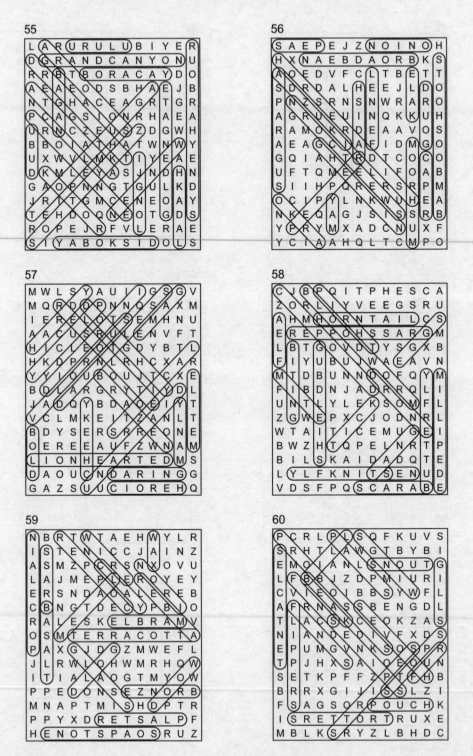

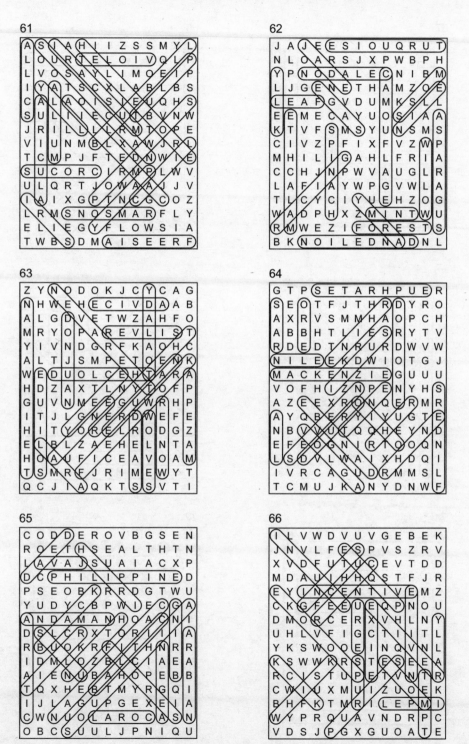

Solutions

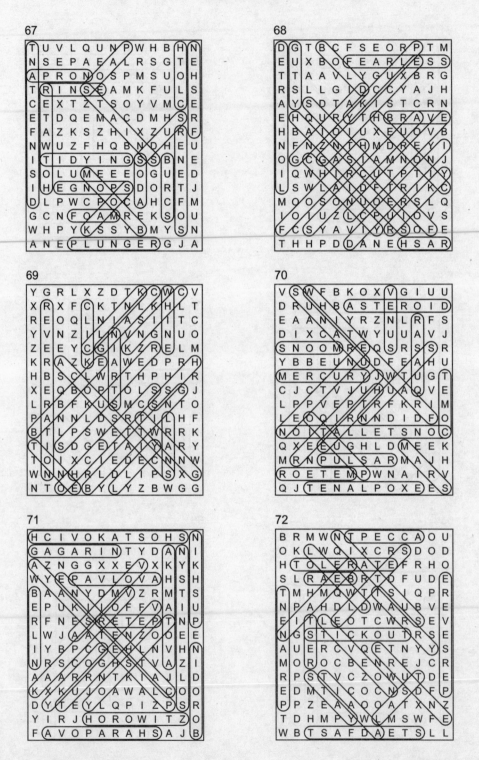

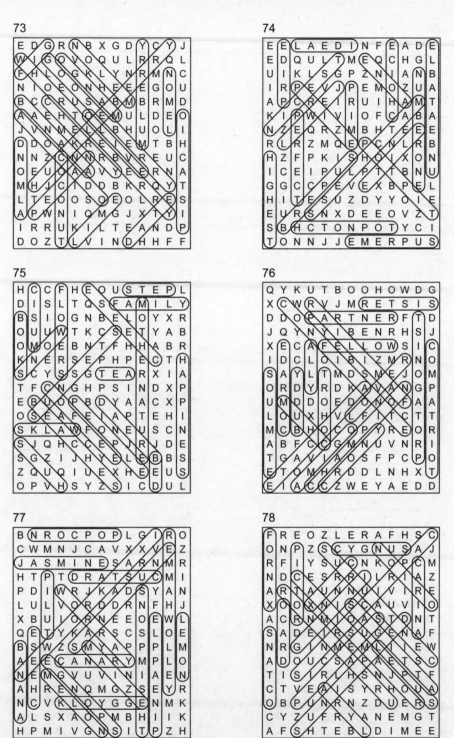

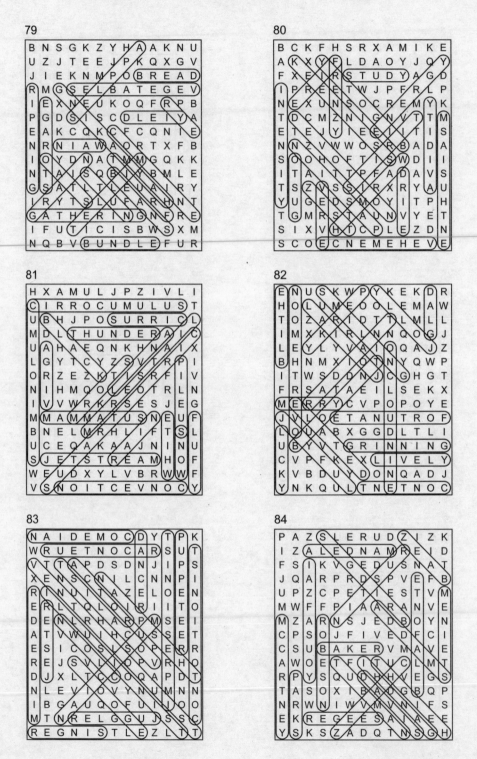

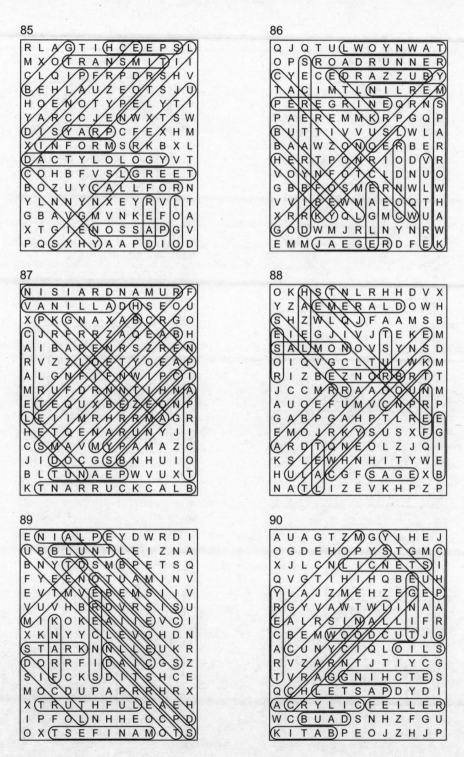

85

86

87

88

89

90

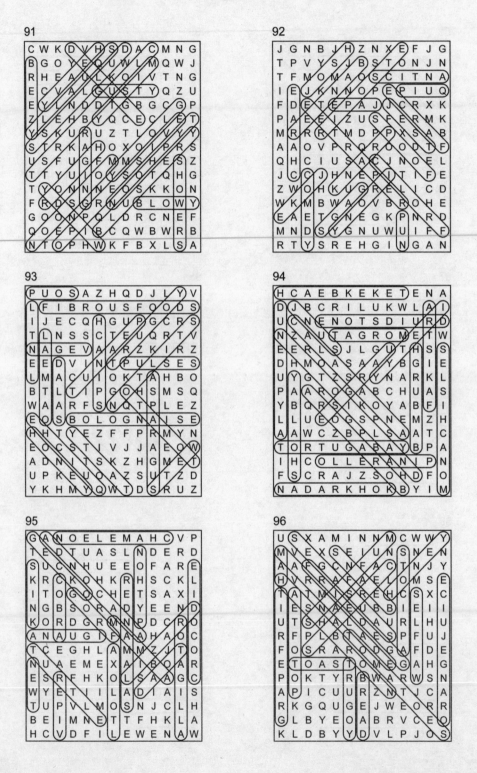

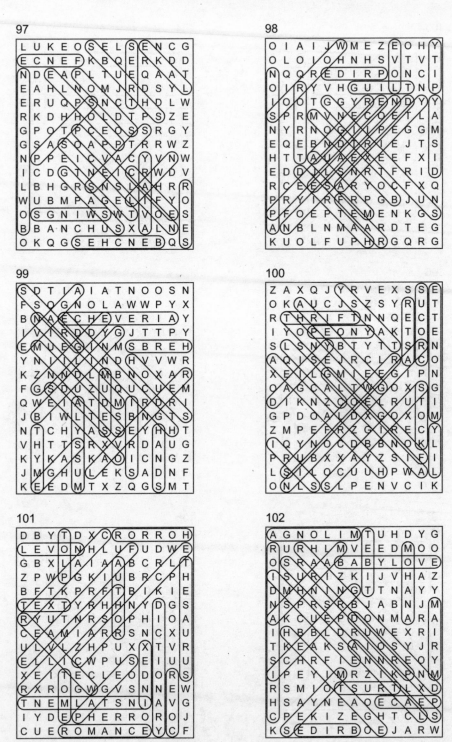

Solutions

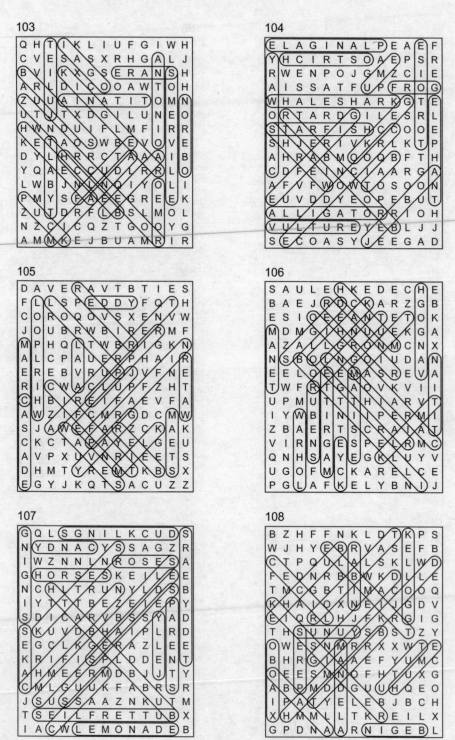

Solutions

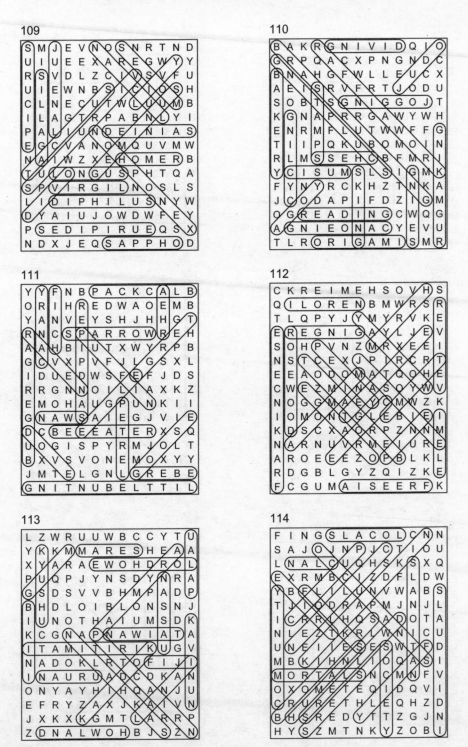

109

110

111

112

113

114

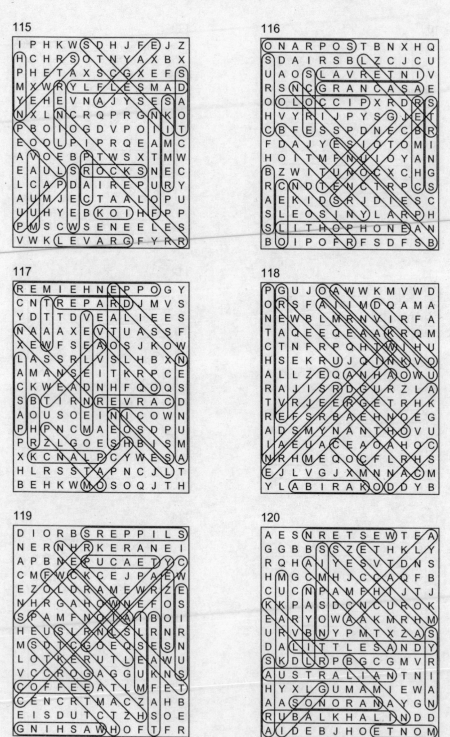

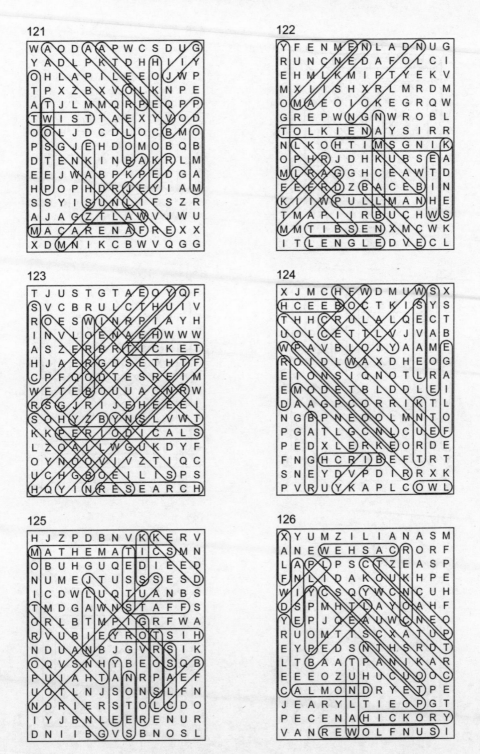

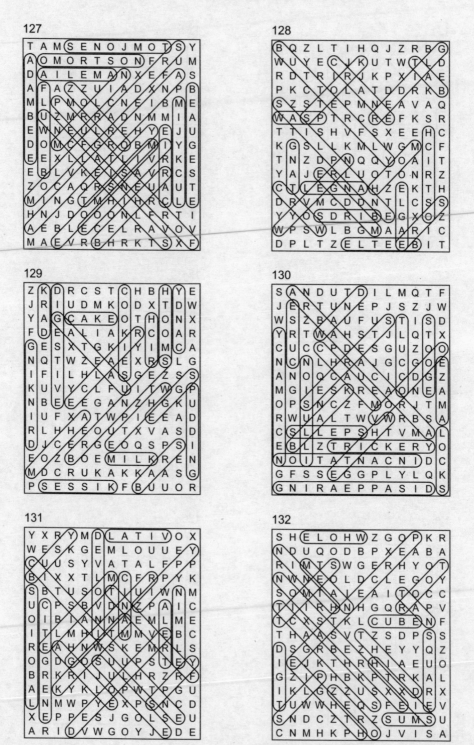

127

128

129

130

131

132

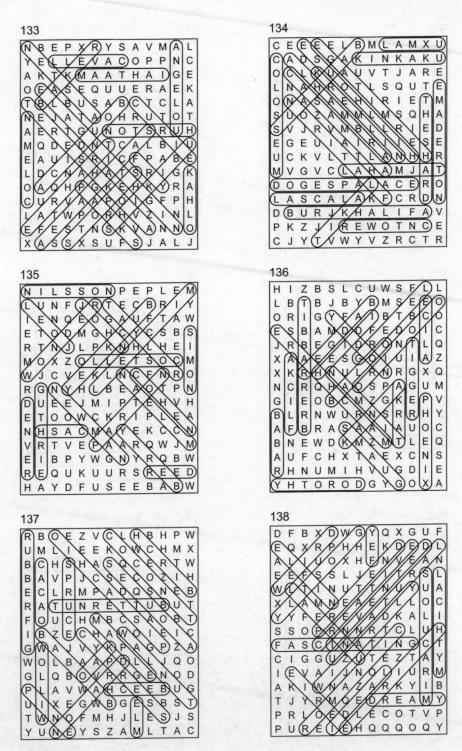

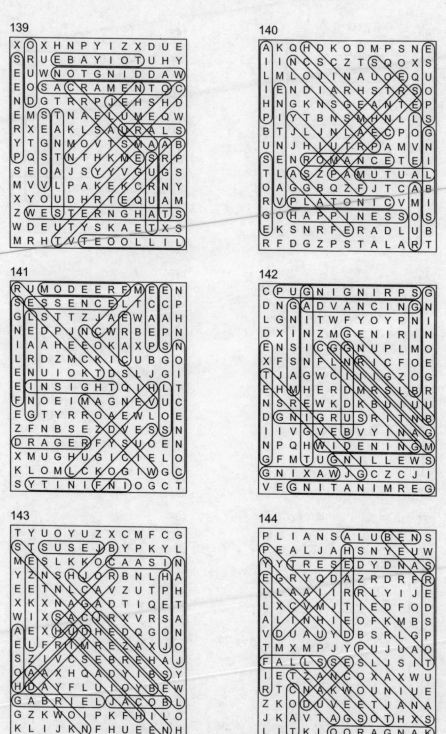

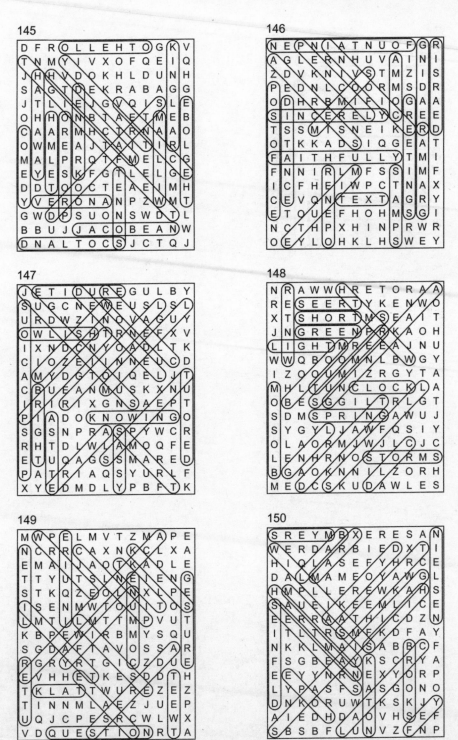

151

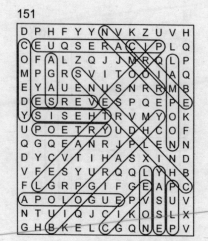